AF296127

MICHEL LÉVY FRÈRES, ÉDITEURS
RUE VIVIENNE, 2 BIS, ET BOULEVARD DES ITALIENS, 15
A LA LIBRAIRIE NOUVELLE

PRIX 50 CENTIMES   PRIX 50 CENTIMES

LES
QUATRE HENRI
OU LA DESTINÉE

DRAME HISTORIQUE EN SIX ACTES

PAR

LÉON BEAUVALLET

REPRÉSENTÉ POUR LA PREMIÈRE FOIS, A PARIS, SUR LE THÉATRE DE L'AMBIGU-COMIQUE, LE 5 JUIN 1869

DISTRIBUTION DE LA PIÈCE

HENRI DE NAVARRE (Henri IV).........	MM. CLÉMENT-JUST.
HENRI DE VALOIS (Henri III)............	FAILLE.
HENRI DE LORRAINE (duc de Guise)....	DELANGLAY.
HENRI DE BOIS-DAUPHIN, d'abord étudiant puis officier du roi de Navarre.......	RÉGNIER.
LUPUS, fils adoptif de Marsiane...........	OMER.
BRIDELOU, meunier béarnais.............	BOUTIN.
LE GRAND PALOT, paysan..............	ALLART.
ARTABAN, soldat navarrois.	RICHEZ.
JACQUES CLÉMENT, jacobin...........	MACHANETTE.
RAVAILLAC..........................	BELLET.
LE MARÉCHAL DE BASSOMPIERRE...	PERNIN.
LE DUC D'ÉPERNON..................	CHRISTIAN.
LE SIRE DE LOIGNAC...............	BUCKLER.
PREMIÈRE SENTINELLE..............	LAURET.
DEUXIÈME SENTINELLE.............	LAVERGNE.

MARSIANE LA DEVINERESSE.........	Mmes CAMILLE LEMERLE.
PSYCHÉ, orpheline..................	DICA-PETIT.
LA TORIGNI, demoiselle d'honneur de Catherine de Médicis...................	DE RAVENNE.
LA FOSSEUSE, demoiselle d'honneur de Catherine de Médicis...................	ALEXANDRE.
LA REBOURS, demoiselle d'honneur de Catherine de Médicis...................	GOBERT.
MADAME DE NOIRMOUTIERS, demoiselle d'honneur de Catherine de Médicis....	JOSÉPHINE.
MARION, femme de Bridelou..............	MARIE-BOUTIN.
AURORE, fille de Bridelou..................	CHARLOTTE BARD.
JACQUINET, paysan......................	SAMSON.
LE PETIT HENRI, enfant de Psyché et de Bois-Dauphin..........................	LA PETITE CÉLINE.
LA PETITE FLEURETTE, enfant de Psyché et de Bois-Dauphin..............	LA PETITE ERNESTINE.

GARDES, SOLDATS CATHOLIQUES ET PROTESTANTS, GENTILSHOMMES, PEUPLE, PAYSANS BÉARNAIS, PAGES DE HENRI III, PAGES DE HENRI IV, etc., etc.

L'action se passe de 1588 à 1610, à Romorantin, à Blois, à St-Cloud, à Nérac et à Paris.

ACTE PREMIER

L'HOROSCOPE

1538. — Une chaumière dans la forêt de Romorantin. — Ameublement bizarre. — Vieux meubles vermoulus. — Instruments de magie et d'astrologie. — Livres de cabale. — A droite, cartes magiques étalées sur une table. — Du même côté, premier plan, une haute cheminée dans laquelle brûle un grand feu de sarments. — Au fond, de face au public, la porte d'entrée donnant sur la forêt que l'on entrevoit par une fenêtre faisant également face au public. — A droite, dernier plan, une porte. — Au-dessus, une soupente à laquelle on arrive au moyen d'une échelle. — Au fond, à gauche, face au public, une porte avec un escalier de quelques marches. — Une lampe fumeuse éclaire cet intérieur.

SCÈNE PREMIÈRE

LUPUS, seul.

Au lever du rideau, Lupus, en costume déguenillé de paysan, est accroupi près de la fenêtre. L'orage gronde au dehors. Éclairs, tonnerre.

LUPUS, après un grand temps. Le tonnerre gronde, les éclairs luisent, on dirait que l'enfer est sur terre ! (Riant.) Enfant adoptif d'une damnée, je suis dans mon élément ! Comme la bête fauve dont on m'a donné le nom, j'aime les ténèbres et je hume avec ivresse les parfums de l'orage ! (L'orage redouble.) Ah ! qu'elle tombe donc, cette foudre ! qu'elle nous écrase tous et qu'elle arrache de mon cœur cet amour qui me rend fou ! (Son lointain du cor.) Qu'est-ce que cela ? Le son du cor ! Ah ! oui, je me rappelle… Sa Majesté Henri de Valois a chassé toute la journée dans la forêt de Romorantin. (Riant.) Par la pluie et la boue, s'ils retrouvent leur chemin, je veux bien croire en Dieu !

L'orage redouble.

SCÈNE II

LUPUS, DEUX INCONNUS.

A la fenêtre apparaît un moine jacobin, robe blanche, manteau noir, rosace à la ceinture. Auprès de lui, un enfant de douze ans, en haillons.

LE MOINE. Mon frère !

LUPUS, durement. Que voulez-vous, à cette heure de nuit ?

LE MOINE. Nous sommes étrangers, harassés de fatigue, et nous implorons un abri jusqu'au jour… L'orage sera passé et nous pourrons nous remettre en route.

LUPUS. Prenez-vous donc cette maison pour une hôtellerie ? Vous êtes chez Marsiane la Devineresse ; ne le savez-vous pas ?

L'orage continue.

LE MOINE, avec instance. Par grâce, accordez-nous un gîte !… Vous le voyez, l'orage est plus furieux de seconde en seconde.

LUPUS, impatienté. Eh ! mort de ma vie ! cherchez fortune ailleurs, vous dis-je !

MARSIANE, qui a paru sur les derniers mots. Silence, Lupus ! (Elle descend les marches de l'escalier de gauche.) Ouvre !

Lupus ouvre en grommelant, puis referme la fenêtre.

SCÈNE III

LES MÊMES, MARSIANE.

MARSIANE, au moine, lui montrant la soupente. Mon frère, c'est ici que vous dormirez…

LE MOINE. Dieu vous garde !

Il se dirige vers l'échelle.

MARSIANE, à l'enfant, lui indiquant le placard placé sous la soupente. Voici votre gîte pour cette nuit…

L'ENFANT. Vous ne repoussez pas le mendiant, ma brave dame, merci à vous !

LE MOINE, au haut de l'échelle. Bienheureux songes, ma digne sœur !

disparaît ainsi que l'enfant.

SCÈNE IV

MARSIANE, LUPUS.

MARSIANE, à Lupus avec tristesse. Tu es méchant, Lupus !

LUPUS, brutalement. Pourquoi serais-je bon ?

MARSIANE. Quand, il y a dix ans, tu es venu frapper à ma porte, si je t'avais refusé l'hospitalité comme tu viens de la refuser à ces pauvres hères, que serais-tu maintenant, dis ?

LUPUS, avec insolence. Et que suis-je donc, dites ?

MARSIANE. Lupus ! prends garde : tu lasseras ma patience !

LUPUS, haussant les épaules. Pensez-vous par hasard m'intimider ? vous savez bien que je ne crois pas à vos sorcelleries, moi ! Votre prétendue science infernale ne me fait pas peur ?

MARSIANE, lui saisissant la main. Tais-toi, malheureux ! Par affection pour moi, par pitié pour toi-même, pour toi que j'aime, malgré tous les défauts et tous tes vices, ne raille pas cette science redoutable que tu ne peux comprendre… et dont Nostradamus, mon maître, m'a légué ici même le terrible secret !…

LUPUS, riant. Folle ! folle ! Tenez, laissons cela ! Au surplus, vous n'aurez pas longtemps à vous entendre contredire par moi.

MARSIANE. Que signifie…

LUPUS, après un temps. Cela signifie que je ne puis plus rester enfermé ici, et que j'ai besoin de vivre un peu de la vie des autres !

MARSIANE, émue. Tu veux me quitter ?

LUPUS. Pas plus tard que demain : il le faut !

MARSIANE. Pourquoi ?

LUPUS, sombre. C'est mon secret !

MARSIANE. Où iras-tu ?

LUPUS. Le monde est grand.

MARSIANE. Que feras-tu ?

LUPUS. Je n'en sais rien, mais le diable doit le savoir : c'est tout ce qu'il me faut. (Marsiane baisse la tête et pleure.) Pourquoi pleurer, ma mère ? Vous ne resterez pas seule.

Il montre Psyché qui vient de paraître, au fond, à gauche.

SCÈNE V

LES MÊMES, PSYCHÉ.

Costume pittoresque des filles de la Navarre. — Elle descend vivement.

MARSIANE, assise à droite près de la table. Psyché ! oui… c'est à elle maintenant de me consoler.

Elle tend la main à la jeune fille.

PSYCHÉ, s'asseyant sur un escabeau aux pieds de Marsiane. Ma bonne maîtresse !

MARSIANE, tristement. Oui, tu me chéris et tu m'es dévouée, mais sous ce toit n'es-tu pas oiseau de passage ? Orpheline depuis ta naissance, tu n'as rencontré que familles de hasard. On t'aimait, et, cependant, es-tu restée ? (Après un temps.) C'était à Nérac, à peine née, tu fus jetée devant la porte d'une pauvre cabane habitée par un vieux berger nommé Job. Il te recueillit. C'est lui qui t'a donné le nom que tu portes : « Psyché ». Tu étais tout son bonheur, et baisant ses mains, tu lui jurais de rester près de lui toujours, mais il était pauvre, et l'oiseau dut aller suspendre son nid au toit d'une maison plus riche !

PSYCHÉ. Pauvre père Job ! Je ne voulais pas partir, mais de braves meuniers du Béarn l'avaient supplié de me confier à eux et il avait consenti : il savait combien, on leur demeure, je serais chérie et heureuse !

MARSIANE. Oui, les bonnes gens te traitaient comme leur fille, mais, un jour, comme Job, ils durent se séparer de toi.

PSYCHÉ. J'avais compris qu'en m'adoptant cette famille s'était imposé des sacrifices ; et je voulais, du moins, les leur épargner pour l'avenir. — Il est d'usage, en Béarn, que toute jeune fille ayant atteint sa quinzième année, aille chercher fortune en France. J'avais quinze ans, je demandai à mon père adoptif de me laisser partir. Il refusa d'abord, mais j'insistai et il dut consentir. Je ne voulais pas vivre plus longtemps du labeur des autres : j'avais besoin de vivre par moi-même. — Je vis bientôt se perdre à l'horizon les clochers de Nérac et j'envoyai de loin un dernier baiser à mes chères montagnes. — Un mois après, j'étais à Blois : non loin de cette demeure, je vous rencontrais, maîtresse, et vous consentiez, en échange de mes services, à me laisser dormir sous votre toit et à partager votre pain. Ici, je travaille, je gagne presque ma vie et je vous aime ! Vous voyez donc bien que je dois rester toujours auprès de vous !

MARSIANE, qui vient d'interroger les cartes. Non, tu me quitteras aussi : les cartes le veulent !

PSYCHÉ. Et qui pourrait jamais me séparer de vous ?

MARSIANE. Une puissance devant laquelle tout cède et s'humilie, qui est la loi suprême de ce monde et des espaces invisibles : l'amour !

PSYCHÉ, troublée. L'amour ?...

MARSIANE, avec un triste sourire. Enfant, les cartes ont dit vrai, car tu aimes déjà.

Lupus dresse brusquement l'oreille.

PSYCHÉ, après un temps. Eh ! bien... oui, j'aime ! j'aime de tout mon cœur, de toute mon âme !

LUPUS, à part. Que dit-elle ?

MARSIANE, à Psyché. Et qui donc aimes-tu ?

PSYCHÉ. Un beau et brave jeune homme... au regard doux et fier, à la voix franche et sincère.

MARSIANE. Quand l'as-tu vu ? et en quel lieu ?

PSYCHÉ. Il y a quinze jours, à Blois. C'était la première fois que j'allais, sur votre ordre, chercher des provisions à la ville. Près de la porte Chartraine, quatre soldats avinés rôdaient hors des murs, riant et chantant. A ma vue, leurs risées redoublèrent et, s'approchant de moi, ils voulurent, malgré ma résistance et mes larmes, m'entraîner avec eux. En cet instant, un jeune homme passait de l'autre côté de la route. Entendant mes cris, il vole à mon secours, met l'épée à la main et fond sur mes ravisseurs qui, eux aussi, tirent l'épée hors du fourreau. Le combat fut de courte durée. Un moment après, l'un des soldats tombait pour ne plus se relever. Les trois autres, blessés ou désarmés, étaient forcés de demander grâce, et mon sauveur s'approchant de moi : « Ma gente petite, dit-il, vous pouvez maintenant poursuivre votre route » et comme je le remerciais, il se prit à rire et m'interrompit bien vite en me disant : « Ce sont là menus services, ma belle, qui ne valent pas la peine qu'on en parle. » Sur ce, me saluant courtoisement, il prit congé de moi, et je regagnai la forêt ravie de tant de simplicité et de courage.

MARSIANE. Et ce jeune homme, tu l'as revu ?

PSYCHÉ. Une seule fois, le jour de la Toussaint. En sortant de l'église Saint-Martin, où vous m'aviez permis d'aller prier, je vis dans la foule un jeune homme qui me souriait de loin : c'était lui !... Il fit quelques pas vers moi comme pour m'adresser la parole ; mais des amis l'appelèrent, il disparut avec eux, et je m'éloignai en murmurant son nom.

MARSIANE. Et ce nom, quel est-il ?

PSYCHÉ. Henri.

MARSIANE, tressaillant. Est-ce là son seul nom ?

PSYCHÉ. Le seul que je lui connaisse : ses amis en l'appelant n'en ont pas prononcé d'autre.

LUPUS, à part. Henri ! je me souviendrai de ce nom-là !

MARSIANE, soucieuse. Henri ! Trois hommes existent qui s'appellent ainsi, et ces trois hommes ont droit à la reconnaissance de toute ma vie ! (Menaçante.) Un quatrième porte ce nom, et, ce dernier, au contraire, je le hais ! je le hais depuis son enfance, et ma haine doit le poursuivre jusqu'à sa mort !...

PSYCHÉ, tremblante. Vous me faites frémir !

L'orage augmente. On frappe violemment. — Sur un signe de Marsiane, Lupus ouvre.

SCÈNE VI

LES MÊMES, HENRI III, HENRI DE GUISE.

Ils sont en costume de chasse. Ils secouent en entrant leurs manteaux qui ruissellent.

HENRI III, avec humeur. Par la mort-Dieu ! vous n'ouvrez pas vite, mes maîtres !

HENRI DE GUISE, de même. Nous ne sommes ni chiens, ni huguenots, pour nous laisser ainsi morfondre à la porte.

MARSIANE, avec émotion, après les avoir longuement considérés tous les deux. Henri de Guise, cette maison est vôtre... Henri de Valois, troisième du nom, Roi de France, votre servante est à vos pieds... que lui ordonne Votre Majesté ?

HENRI III, assis près de la cheminée, se retournant avec une sorte d'inquiétude. Ah ! ah ! tu nous connais, bonne femme ?

MARSIANE. Oui, sire, je vous connais et mon cœur est à vous

HENRI III, rassuré. Fort bien !... Égaré à la chasse ainsi que mon cousin, (Serrant la main du duc.) mon cher cousin de Lorraine, je te demanderai donc l'hospitalité jusqu'à la fin de l'orage.

HENRI DE GUISE. Et tu nous feras à souper, ma chère.

MARSIANE, vivement. Psyché ! Lupus !

HENRI DE GUISE. Si frugal que soit le festin, je te jure que nous y ferons honneur, n'est-il pas vrai, sire ?

HENRI III, se levant. Certes ! je meurs de faim ! (Apercevant Psyché.) Sur mon âme, voilà une accorte fillette !

HENRI DE GUISE. Adorable, en effet.

HENRI III. Un vrai morceau de roi !

Il frappe doucement sur la joue de Psyché.

LUPUS, vivement. Le souper est servi !

Les deux princes s'attablent.

HENRI III. A table, mon cousin.

LUPUS, bas à Psyché. Est-ce l'un de ces deux Henri que tu aimes ?

PSYCHÉ, bas. Non !

HENRI DE GUISE. Parbleu ! nous allons faire là le plus splendide des festins !

HENRI III, d'un ton mielleux. Souper en tête-à-tête avec vous est un plaisir pour moi... car je vous aime, mon bon cousin, vous le savez... oh ! je vous aime bien !

HENRI DE GUISE. Et mon affection, sire, est égale à la vôtre.

HENRI III. Oh ! j'en suis bien certain ! (A part.) Le fourbe ! il me hait !

HENRI DE GUISE, à part. L'hypocrite ! il m'exècre ! (Ils se sourient et s'offrent mutuellement l'un à boire, l'autre une tranche de venaison. Orage. On heurte à la porte.) Au diable les importuns !

HENRI DE NAVARRE, derrière la porte. L'hospitalité, s'il vous plaît !... Ouvrez vite, mordi ! je suis noyé !

HENRI III, surpris. Cet organe-là ne nous est pas inconnu !

HENRI DE GUISE. Je jurerais, sire, l'avoir maintes fois entendu !

HENRI III, vivement. Ouvrez ! ouvrez !

Marsiane ouvre. Henri de Navarre paraît trempé jusqu'aux os.

SCÈNE VII

LES MÊMES, HENRI DE NAVARRE.

Costume de voyage très-simple.

HENRI DE NAVARRE, secouant son chapeau. Ventre Saint-Gris ! quel temps affreux.

MARSIANE, avec joie. Henri de Navarre, ici !

PSYCHÉ ET LES AUTRES PERSONNAGES. Henri de Navarre !

HENRI DE NAVARRE, étonné, en regardant Marsiane. Ah, ah ! il paraît que je suis en pays de connaissance !... (Il court à la cheminée et aperçoit Psyché dont il examine le costume.) Eh ! mais, je ne me trompe pas... une Navarroise !... Mordi ! ma belle compatriote, je veux être pendu si vous n'êtes pas la plus avenante petite commère qui ait jamais réjoui les regards d'un galant homme !... car je suis galant, moi, ventre-saint-gris !... (Riant.) galant et affamé. Je solliciterai donc l'honneur de prendre place, moi troisième, aux côtés de ces nobles cavaliers... vous permettez, mes maîtres ?

HENRI III, relevant son feutre. Comment donc, cher beau-frère.

HENRI DE NAVARRE, stupéfait. Le roi de France !

HENRI DE GUISE, se découvrant à son tour. En personne !

HENRI DE NAVARRE. Henri de Guise ! (Il porte la main à son épée comme pour se défendre, puis, se ravisant, il s'incline devant Henri III, et reprend d'un ton ironique.) Sire, il y a un an, je vous ai battu à Coutras (S'inclinant plus profondément.), battu à plate couture... vous me battez aujourd'hui... chacun son tour. (Criant vers le fond.) Faites avancer vos gardes, appelez vos gentilshommes, et qu'on me jette en prison.

HENRI III. Eh ! la ! la ! monsieur le Gascon !... qui vous parle de prison ?... seul céans avec notre ami cousin de Lorraine, nous n'avons près de nous ni gardes, ni gentilshommes... n'ayez donc crainte pour votre liberté, monsieur mon frère, et seyez-vous à nos côtés.

HENRI DE NAVARRE, gaiement. Eh ! bien, ma foi, j'aime mieux cela !

HENRI III. Et pourriez-vous nous apprendre, seigneur huguenot, quelle hardiesse vous a poussé à quitter la Saintonge où vous tenez campagne ?...

HENRI DE NAVARRE. Ma hardiesse ? Dites plutôt, sire, le besoin suprême de revoir, un instant, cette belle cour de France dont je suis exilé... Dans mes nuits de bivouac, il me semblait entendre sans cesse bruire à mon oreille quelque voix aimée que m'apportait la brise... mille gracieux fantômes surgissaient à mes yeux et me faisaient signe de les suivre... Ma foi !... que vous dirai-je, sire ? l'homme est faible et je les ai suivis... Bien m'en a pris, sandis ! puisqu'à peine arrivé j'ai pu, caché dans la forêt, voir à deux pas de moi cet essaim de femmes charmantes chevauchant à votre suite... Voilà le seul motif de mon équipée, sire... et mieux que tout autre, Votre Majesté doit l'excuser et le comprendre.

HENRI III. Monsieur mon frère, vous êtes le plus grand libertin du monde...

HENRI DE NAVARRE, s'inclinant. Après vous, sire, après vous.

Il s'attable.

HENRI III sourit d'abord, puis reprend d'un ton sévère. Tout cela est bel et bien, mais, par la mort-Dieu ! ne poussez pas plus loin l'aventure ! notre bonne mère Catherine vous exècre, et, pour lui complaire, je me verrais forcé de vous guérir, une bonne fois pour toutes, de vos velléités amoureuses !

LUPUS, se penchant vers Psyché et lui montrant Henri de Navarre. — A voix basse. Est-ce lui ?

PSYCHÉ, bas. Lui ? non. Ceux qui m'ont élevée m'ont appris à le bénir et à le respecter, mais ce n'est pas lui que j'aime !

Pendant ces derniers mots, Marsiane s'est approchée des trois princes et les considère avec une violente émotion.

HENRI DE GUISE, tendant le broc à Psyché. Hé ! la belle fille !... (Il aperçoit Marsiane immobile.) Corps-Dieu ! ma digne hôtesse ! qu'avez-vous donc à nous examiner de semblable manière ?

MARSIANE. Je suis heureuse, monseigneur duc, oh ! bien heureuse de voir réunis, sous mon toit, mes trois bienfaiteurs.

HENRI DE NAVARRE, surpris. Tes trois bienfaiteurs !

HENRI III, de même. Nous ?

HENRI DE GUISE. Quelle énigme est-ce là ?

MARSIANE. Henri de Guise, vous rappelez-vous la nuit du 24 août 1572 ?

HENRI DE GUISE, se levant. La nuit de la Saint-Barthélemy ? oui, je m'en souviens.

MARSIANE. Tout était près de finir lorsque, profitant de la grande confusion qui régnait encore par la ville, une bande de huguenots fit irruption dans ma demeure... Le chef de ces hommes était un misérable dont j'avais repoussé l'amour... Par son ordre, tout fut pillé, ravagé, et mon époux fut égorgé sous mes yeux. Non content de m'avoir faite veuve et pauvre, l'infâme allait achever son œuvre en me déshonorant... En ce moment, vous surgissiez, menaçant et terrible... tout fuit épouvanté !... Monseigneur duc, vous m'avez sauvé l'honneur... merci à vous !

HENRI III, à Henri de Guise, avec un faux sourire. Mon beau cousin, cette action est des plus méritoires !... elle est digne de vous au reste, et ne nous étonne point !...

MARSIANE, qui s'est approchée peu à peu de Henri III. Henri de Valois... le jour où Votre Majesté, bien jeune encore, quitta Paris pour se rendre en Pologne, où l'attendait la royauté, une pauvresse pleurait agenouillée près de la grande porte du Louvre et demandait l'aumône pour sa mère qui se mourait de faim... vous pouviez passer outre, sire, et détourner votre regard de ces misères... vous ne l'avez pas fait... vous êtes venu vous-même auprès de la mendiante, et votre main royale a versé dans la sienne tout l'or de votre escarcelle !... Henri de Valois, celles que vous avez arrachées aux angoisses de la faim, c'était ma mère et moi.

HENRI DE GUISE. Voilà un beau trait, sire, et je me réjouis à mon tour d'en pouvoir féliciter Votre Majesté.

HENRI DE NAVARRE. Je joins mes félicitations à celles de monsieur de Guise...

MARSIANE, à Henri de Navarre. Le lendemain même de ce jour, un incendie formidable éclatait dans l'un des quartiers de la capitale. Trois maisons venaient de s'abîmer dans les flammes... Encore quelques secondes et la dernière allait s'écrouler aussi... Déjà les poutres craquaient. A l'une des fenêtres, une pauvre vieille femme appelait à l'aide... c'était ma mère !... Les plus braves n'osaient s'élancer à son secours... vous, Henri, vous vous jetez au milieu de l'effroyable fournaise et, au péril de vos jours, vous sauvez cette malheureuse. A vous trois, princes, à vous mon dévouement éternel !

HENRI DE NAVARRE, quittant la table. Ventre-saint-gris, ma

chère hôtesse !... ta mémoire est d'une merveilleuse fidélité. Du diable si j'avais conservé la moindre souvenance de cet épisode de ma vie parisienne !...

On heurte à la porte.

UNE VOIX, au dehors. Ouvrez, mille tonnerres !

Psyché tressaille.

LA VOIX, toujours au dehors. Si vous n'ouvrez pas, je mets le feu à la cassine ! corbœuf !... ça me réchauffera !

HENRI III, impatienté, se tournant vers la porte. Par la mort-Dieu ! qui donc êtes-vous, monsieur l'insolent ?

LA VOIX, au dehors. Par la mort-Diable ! monsieur l'homme poli, je suis Henri de Bois-Dauphin, surnommé Bras de fer, au collège de Navarre.

HENRI DE NAVARRE, riant. Un quatrième Henri ! Ventre-saint-gris, l'aventure devient bouffonne.

LUPUS, à part. Un quatrième Henri ! (Il fixe ses yeux sur Psyché frémissante.) C'est celui-là qu'elle aime !

MARSIANE. Lui !... lui !... Henri de Bois-Dauphin !... C'est l'enfer qui me l'envoie !... (Changeant de ton.) Non !... non !... je ne le verrai pas !... je ne veux pas le voir... je ne veux pas le connaître. (Tremblante.) Lupus, garde cette porte et que cet homme ne pénètre pas ici.

LUPUS, courant à la porte. On n'entre pas !

BOIS-DAUPHIN, au dehors. On n'entre pas !... faites excuse, mes maîtres, on entre et je le prouve !...

La fenêtre s'ouvre violemment. Les vitres se brisent et Henri de Bois-Dauphin saute dans la chambre.

SCÈNE VIII

LES MÊMES, HENRI DE BOIS-DAUPHIN. Costume d'étudiant, rapière au côté et poignard passé dans la ceinture.

HENRI III. Le drôle !

HENRI DE NAVARRE, riant très-fort. C'est très-amusant !

BOIS-DAUPHIN, apercevant Psyché. L'inconnue de Blois !

MARSIANE, d'une voix sourde. Henri, malheur à toi !...

BOIS-DAUPHIN, très-gaiement. Corbœuf ! ma chère, quelles vilaines paroles me jetez-vous ainsi à la face ! le malheur !... est-ce que je connais ça ?

MARSIANE, menaçante. Tu le connaîtras !

BOIS-DAUPHIN. Il paraît décidément que vous m'en voulez, ma vénérable hôtesse.

MARSIANE. Je t'en veux à la mort !...

BOIS-DAUPHIN, riant. Et serait-il trop indiscret de vous demander en l'honneur de quel saint vous m'exécrez ainsi ?

MARSIANE, s'avançant vers lui et lui saisissant le bras. Je vais tout te dire... je veux le dire à tous... Écoute donc... écoute... (Aux trois princes.) Écoutez aussi. Un jour, un misérable, avec quelques libertins comme lui, fit le pari infâme de séduire la première femme qui passerait devant la taverne où ils étaient attablés... Une jeune femme se trouva bientôt près de lui... Cette femme était mariée... Que lui importait à lui... Dès ce moment, ce lâche la poursuivit sans repos ni trêve... Repoussé avec horreur, il fit enfin le serment de se venger !... Il était huguenot ; celle qu'il voulait perdre était catholique et la nuit de la Saint-Barthélemy, à la tête d'une horde de furieux, il pénétra de force dans la demeure de l'heureuse famille. Le mari de la pauvre femme tomba poignardé en la défendant. Elle voulait mourir aussi, la vue de sa vieille mère lui ordonna de vivre ! Henri, regarde-moi : Je suis cette épouse qu'on a faite veuve !...

BOIS-DAUPHIN. Mais l'assassin, quel était-il donc ?

MARSIANE. C'était Raoul de Bois-Dauphin, c'était ton père !

BOIS-DAUPHIN, avec émotion. Mon père !... (Après un temps.) Pauvre femme ! je vous plains, je vous en donne parole !... mais j'étais jeune encore lorsque j'ai perdu mon père et je ne puis, je ne dois pas être responsable du mal qu'il a fait.

PSYCHÉ, qui s'est doucement approchée de Marsiane. Il dit vrai, maîtresse.

Marsiane semble irrésolue. Lupus s'approche.

LUPUS, de l'autre côté, même jeu que Psyché à Marsiane. Vas-tu donc pardonner ?

MARSIANE, tressaille, puis avec force. Tu te trompes, Henri, les fautes des pères doivent retomber sur la tête des fils.

BOIS-DAUPHIN. Décidément mon honoré père ne m'aura laissé que des dettes !... En voici une nouvelle que je ne payerai, à ce qu'il paraît, qu'avec ma vie ! (Riant.) Tudieu ! je demande à m'acquitter le plus tard possible !...

HENRI DE NAVARRE, qui s'est levé à Bois-Dauphin et lui frappant sur l'épaule. Perdiou, mon jeune ami, vous avez l'humeur la plus joyeuse du monde et vous m'allez, mordi, vous m'allez beaucoup !

BOIS-DAUPHIN, lui tapant aussi sur l'épaule. Eh ! bien, ma foi, vous m'allez aussi : vous avez une bonne figure.

Mouvement de Psyché.

HENRI DE NAVARRE fait taire la jeune fille d'un geste et s'approche de Marsiane. Ventre-saint-gris ! que faites-vous là, ma chère hôtesse ? Allez-vous par hasard nous tirer notre horoscope ?

HENRI III, avec une légère émotion. Notre horoscope ?...

Il promène à droite et à gauche un regard inquiet, puis il prend vivement entre ses mains son chapelet et murmure une oraison.

BOIS-DAUPHIN. Chez qui sommes-nous donc ici ?

MARSIANE. Chez Marsiane, la sorcière ! Écoute donc, Henri de Bois-Dauphin, c'est la destinée qui parle !

BOIS-DAUPHIN. Corbœuf ! je ne sais si je me trompe, mais j'ai le pressentiment que ma destinée, bien que prédite par vous, ne peut être que belle !... je vous écoute, ma chère ennemie.

Il s'assied près de la cheminée à droite.

MARSIANE, après avoir consulté les cartes, avec colère. Heureux !... toujours heureux !... le sort est pour lui.

BOIS-DAUPHIN. J'en étais sûr !

Marsiane a repoussé les cartes loin d'elle.

HENRI DE NAVARRE, à Bois-Dauphin. Mes compliments, mon cher !...

HENRI DE GUISE. Parbleu, il ne sera pas dit que le livre de l'avenir restera fermé pour nous (Jetant une bourse à Marsiane.) Allons, brave femme, qu'il se rouvre bien vite.

MARSIANE. Monseigneur duc...

HENRI DE GUISE, insistant. Obéis.

Marsiane replace les cartes devant elle et les interroge.

MARSIANE, d'une voix haletante. Oh ! non, non, c'est impossible !... et cependant, ces cartes fatales ne peuvent mentir !

HENRI DE GUISE. Que disent-elles donc ?

MARSIANE, avec douleur. Henri de Lorraine... duc de Guise, tu mourras assassiné.

BOIS-DAUPHIN, stupéfait. Le duc de Guise !

Silence profond. Henri III lance un coup d'œil à de Guise soucieux puis s'approchant.

HENRI III. A mon tour...

MARSIANE, tremblante. Par grâce !...

HENRI III, d'une voix impérieuse. Je le veux ! Je le veux !

MARSIANE, après un temps, d'une voix étouffée. Henri de Valois, troisième du nom, roi de France...

BOIS-DAUPHIN. Le roi de France !...

HENRI III. Eh bien ! parle... je le veux.

MARSIANE. Tu mourras assassiné !...

SCÈNE IX

LES MÊMES, LE MOINE, PUIS LE PETIT MENDIANT.

Aux derniers mots de Marsiane, le moine a paru à l'entrée de la soupente. Le petit mendiant sort du placard et écoute le moine.

HENRI DE NAVARRE. A moi maintenant !... Et prédis-moi tout ce que tu voudras, ma chère... je ne crois pas à toutes ces folies.. va... va...

MARSIANE, consultant ses cartes. Henri de Bourbon, prince de Béarn et de Navarre !...

BOIS-DAUPHIN. Henri de Navarre !...

MARSIANE, avec un cri, repoussant ses cartes. Ah !

HENRI DE NAVARRE. Allons, moi aussi, je mourrai assassiné, pas vrai ? Eh bien ! comme cela il n'y aura pas de jalousie, au moins ! (Riant). Veux-tu que je te dise mon opinion, sorcière ? Tes cartes sont des radoteuses et ce qu'elles annoncent ne s'accomplira pas !... Et qui diable aurait l'audacieuse pensée de nous frapper ?...

MARSIANE, solennelle. En vérité, je vous le dis...

HENRI DE NAVARRE, l'interrompant en riant. Ah bon ! la parole de l'Écriture. En vérité, je vous le dis : celui qui mettra sa main dans le plat...

MARSIANE. Non ! celui qui mettra sa main dans la vôtre...

Le moine sans être remarqué a descendu l'échelle et s'est approché de Henri III, s'inclinant devant lui, il lui tend en silence, son aumônière ouverte.

HENRI III, lui donnant une pièce d'or. Tenez, mon frère, tenez et priez pour le Roi.

LE JACOBIN, s'agenouillant devant Henri III et baisant sa main. Que Dieu vous le rende, Sire.

Pendant ce temps le petit mendiant a quitté son placard et est venu implorer la charité de Henri de Navarre. Ce dernier lui donne une pièce de monnaie et l'enfant, saisissant sa main, la couvre de baisers.

HENRI DE NAVARRE, se retournant vers la sorcière. Celui qui nous frappera sera celui qui pressera notre main dans la sienne. A ce compte, mon assassin à moi serait donc ce pauvre petit diable de mendiant ! il est bien jeune encore pour si vilaine besogne !...

HENRI III. Et mon assassin à moi serait ce révérend frère. (Allant au duc et lui prenant la main.) Avouez, mon beau cousin, que la chose est plus qu'invraisemblable.

HENRI DE GUISE. En ce cas, le meurtrier que le sort me destine ne serait autre que votre Majesté !...

Henri III réprime un mouvement et lâche la main du duc qui jette au roi de France un regard de bravade.

BOIS-DAUPHIN. Quand le diable y serait, je veux avoir aussi mon assassin ! (Allant à Lupus qui avait disparu pendant la scène de la prédiction et qui rentre à ce moment.) Allons !... donne-moi ta main.

LUPUS, reculant. Ma main !... jamais !...

BOIS-DAUPHIN. Il est décidé que je serai seul épargné... Ce n'est pas ma faute.

HENRI DE NAVARRE, lui frappant cordialement sur l'épaule. Ventre-saint-gris ! Camarade, des quatre Henri, le véritable roi, c'est toi !... (Saisissant un gobelet sur la table du souper). A la santé de ta Majesté !...

ACTE DEUXIÈME

L'ESCADRON VOLANT DE LA REINE

L'oratoire des filles d'honneur de la reine-mère, au château de Blois. — A gauche, premier plan, porte cachée sous une tapisserie. — Un peu plus haut, un prie-Dieu surmonté d'une image de la vierge, éclairée par une petite lampe. — Au troisième plan, grande fenêtre à vitraux coloriés. — A droite, premier plan, une porte secrète. — Au troisième plan, grande porte cachée sous des rideaux. — Au fond, large entrée donnant sur des galeries désertes faiblement éclairées par la lune. — Quelques chaises gothiques, tournées face au prie-Dieu. — Un grand fauteuil à droite.

SCÈNE PREMIÈRE

LUPUS, seul.

Il porte un costume de couleur sombre. Dague au côté. — Au lever du rideau, Lupus écoute à la porte de droite, troisième plan. On entend un brouhaha éloigné de rires et de coupes qui se choquent. Puis, on entend une voix qui chante accompagnée par une mandoline.

LA VOIX.

Air nouveau d'AMÉDÉE ARTUS

Dieu qui fit toutes choses,
Le ciel bleu; les prés verts,
Les jasmins et les roses,
Et les monts et les mers,
Dieu fit une merveille
Plus belle que le jour,
Que l'aurore vermeille,
C'est l'amour.

LUPUS. Étrange séjour que celui-ci !... Là-bas, dans ses appartements, Sa Majesté Henri III fête le Balafré et quelques-uns de ses favoris... de ses mignons... comme il les appelle ! Et là-haut, au-dessus de cet oratoire, la reine-mère agonise !... Depuis trois longues semaines, Marsiane est à son chevet !... Catherine de Médicis n'a plus foi qu'en ses sortilèges... Elle espère conjurer ainsi la mort qui l'attend... Pauvre folle !... Je bénis ta croyance... qui fait Marsiane toute-puissante et nous permettra bientôt de nous venger !... Oui, cette nuit peut-être, je n'aurai plus de rival !

SCÈNE II

LUPUS, ARTABAN, ARCHERS.

Artaban, en uniforme de sergent, paraît au fond à la tête de ses hommes. Lupus court à lui.

LUPUS. Eh bien?

ARTABAN. Eh bien! maître Lupus, nous avons fureté partout, fouillé le château de fond en comble, exploré les jardins, les vergers et les cours, nous n'avons trouvé âme qui vive.

LUPUS. Je ne suis pas fou cependant. Ce soir, dans les jardins du château, jo suis bien sûr d'avoir aperçu deux hommes qui se glissaient mystérieusement à travers les arbres... aux rayons de la lune, j'en ai reconnu un... oh! je l'ai bien reconnu!... Je me suis élancé à sa poursuite... mais, plus alerte que moi, il a pu m'échapper et je l'ai perdu de vue!...

ARTABAN, *avec intention.* Et le second, vous n'avez sur lui nul renseignement, nul indice?

LUPUS. Non. Mais que m'importe celui-là!... c'est l'autre que je voudrais tenir! continue donc ta chasse! il me faut cet homme... tu entends bien, mort ou vif, il me le faut...

ARTABAN. Suffit!...

Lupus s'éloigne par le premier plan, à gauche. Dès qu'il a disparu, l'on entend sonner minuit.

SCÈNE III

ARTABAN, LES ARCHERS.

ARTABAN. Minuit! *Il fait signe à ses hommes qui se séparent et se mettent à faire le guet. Artaban, sans bruit, soulève une dalle près du prie-Dieu et en tire une échelle de cordes; il replace la dalle puis ouvre la fenêtre, attache l'échelle à la balustrade et crie :* France!

LA VOIX DE HENRI DE NAVARRE. Navarre!

Peu après on voit paraître sur le balcon un homme enveloppé dans un manteau, feutre rabattu et couvert de neige. — Il saute légèrement dans l'oratoire. — Un second personnage paraît après lui. — C'est Bois-Dauphin et Henri de Navarre.

SCÈNE IV

LES MÊMES, HENRI DE NAVARRE, BOIS-DAUPHIN.

Ils secouent leurs manteaux et descendent en scène.

HENRI DE NAVARRE, *à Artaban, à voix basse.* C'est ici, n'est-il pas vrai, l'oratoire des filles d'honneur de madame Catherine? *(Artaban fait un signe affirmatif. — Le Béarnais lui frappe sur l'épaule).* Je me souviendrai de toi, camarade.

ARTABAN. Diou biban! sire! c'est bien comme cela que je l'entends...

HENRI DE NAVARRE. Ton nom, mon brave?

ARTABAN, *avec fierté.* Artaban, le Navarrois! né dans les montagnes de Coarraze, le même jour où votre majesté est venue au monde!

HENRI DE NAVARRE. Né le même jour que moi!... voilà qui me réjouit fort!...

ARTABAN. Pas tant que moi, Diou biban!...

HENRI DE NAVARRE. C'est possible; mais quoi qu'il en soit, mon vieux camarade, je te donne ici parole que je n'oublierai pas ton nom.

ARTABAN, *mystérieusement.* Si le roi de Navarre l'oublie, je suis bon là pour le rappeler au roi de France...

HENRI DE NAVARRE, *vivement.* Silence!... silence!...

ARTABAN, *très-bas.* On se tait, Majesté! nulle rencontre n'est maintenant à craindre. Dans peu, tout dormira ici, hors les soldats de garde. Et les soldats de garde, sire, sont pour cette nuit, tout aussi francs huguenots que moi-même! avant le jour, nous saurons donc vous faire sortir sain et sauf de ce château! Sur ce, Majesté, serviteur! Nous veillons!

Artaban sort avec ses hommes.

SCÈNE V

HENRI DE NAVARRE, BOIS-DAUPHIN.

HENRI DE NAVARRE. Avoue, mon fils, qu'il est bon d'avoir des amis un peu partout... Sans les dix ou douze parpaillots égarés ici à dessein, parmi les innombrables catholiques qui s'y trouvent, il nous eût fallu nous contenter de la vue extérieure du château de Blois, lorsque nous avions si grand désir de donner à l'intérieur un léger coup d'œil! *(Bois-Dauphin ne répond pas.)* Sais-tu de quoi nous avions l'air, mon fils, en escaladant ces vieilles murailles? de deux lézards en bonne fortune. Le métier que nous faisons, vois-tu, nous mène droit à nous rompre les os ou à nous faire fusiller! D'honneur je me repens de l'avoir associé à mes périlleuses aventures.

BOIS-DAUPHIN. Je suis seul au monde, sire, ma vie est à vous, prenez-la et faites-en ce que bon vous semblera!

HENRI DE NAVARRE. C'est égal, si mon cher beau-frère Henri III me savait si près de lui, il me ferait un méchant accueil, j'en ai grand'peur!

BOIS-DAUPHIN. Par ma foi, sire, vous l'auriez un peu mérité!

HENRI DE NAVARRE. Que veux-tu! Je n'ai pas eu le courage de retourner en exil, sans revoir une fois au moins cette délicieuse fille, ma compatriote, que ce libertin de Valois a fait entrer dans l'escadron volant de la reine-mère.

BOIS-DAUPHIN, *à part, soupirant.* Psyché! hélas! c'est vrai, elle est ici!...

HENRI DE NAVARRE. Ah! c'est qu'en vérité cette petite est charmante, et je ne sais quoi m'attire vers elle... non... ce n'est pas un caprice banal comme tous les autres!... Je crois que c'est sérieux, mon cher Henri, très-sérieux! *(Examinant le jeune homme.)* Ah çà! mais qu'as-tu donc?... sais-tu que tu n'es pas ce soir d'une gaîté extravagante.

BOIS-DAUPHIN, *vivement.* Je n'ai rien, sire; je vous jure que je n'ai rien!...

HENRI DE NAVARRE. Ne jure pas, mon fils! j'ai de bons yeux et je vois clair... Tu es maussade ce soir comme un flacon sans vin, comme un jour sans soleil... voyons, sois franc avec moi!... As-tu peur des suites de notre escapade?...

BOIS-DAUPHIN. Peur! Votre Majesté ne le suppose pas!

HENRI DE NAVARRE. Prouve-moi que je m'abuse en redevenant le Henri du premier jour!

BOIS-DAUPHIN, *à part.* Devant l'amour d'un prince, mon amour doit s'effacer... oublions Psyché... Il le faut...

HENRI DE NAVARRE. Tu dis?

BOIS-DAUPHIN. Je vous obéis, sire... à compter de cet instant, je veux être roué vif si je ne suis pas le plus gai et le plus insouciant de tous les Henri passés, présents et futurs, y compris Sa Majesté Henri de Navarre, mon maître!

HENRI DE NAVARRE. A la bonne heure, voilà comme je te veux! la gaîté, mordi! mais c'est le premier bien de ce monde... après l'amour, bien entendu!

BOIS-DAUPHIN, *avec hésitation.* Et vous êtes certain, sire, de voir cette nuit celle que vous aimez?...

HENRI DE NAVARRE. J'ai pris mes renseignements, perdiou : chaque soir, Psyché vient faire ses dévotions en cet oratoire...

BOIS-DAUPHIN. Seule?

HENRI DE NAVARRE. Toute seule... d'abord... ses nobles compagnes ne se décident que plus tard à venir prier Dieu!... et encore prient-elles Dieu, voilà la question!

BOIS-DAUPHIN, *prêtant l'oreille.* Écoutez, sire... on vient de ce côté...

HENRI DE NAVARRE. Ce ne peut être Psyché.

Ils se séparent et courent à gauche... Là Bois-Dauphin se cache derrière la tapisserie de la porte. — Le Béarnais se jette derrière le prie-Dieu. — Paraissent par le troisième plan à droite Henri III et le duc de Guise.

SCÈNE VI

LES MÊMES, HENRI III, HENRI DE GUISE.

Ils sont en très-élégants costumes de cour. Le roi paraît fort gai. Le duc, plus sérieux, l'observe.

HENRI DE NAVARRE, *les reconnaissant.* Le roi!... le duc de Guise!...

BOIS-DAUPHIN, *à part.* L'aventure se complique, tant mieux!

LE ROI, *au duc.* L'adorable souper... Ils se sont tous enivrés et présentement ils sont là au milieu des flacons vides et des coupes brisées... Nous, plus robustes, nous ne nous sommes pas laissé abattre... *(Serrant les mains du duc.)* Mon cher duc, mon bien aimé cousin...

LE BÉARNAIS, *à part.* Il le cajole!... il lui veut du mal!

LE ROI. Ne trouvez-vous pas mon idée excellente?

LE DUC. Admirable, sire... (souriant.) C'est un plaisir royal !...

LE ROI. Surprendre dans leurs entretiens intimes les demoiselles d'honneur de notre mère... et surtout revoir ma jolie protégée... Psyché... Dites-moi, duc... ne l'aimez-vous pas un peu ?

LE DUC. Dieu me garde de marcher sur les brisées de mon roi !

LE ROI. J'avais besoin de m'étourdir un peu et de chasser de mon esprit les sombres pensées qui l'ont assailli tout le jour...
Il jette un regard au duc de Guise.

LE DUC. Serai-je indiscret en priant Votre Majesté de me les confier ?

LE ROI, souriant et lui serrant les mains. Mon cher duc, vous les connaîtrez... avant peu... Comptez sur la parole de votre roi... mieux encore, de votre ami.

HENRI DE NAVARRE, à part. Son ami !... décidément il lui veut beaucoup de mal.

LE ROI. Si ma douce mère Catherine nous surprenait ainsi au milieu de ses candides brebis, quelle mercuriale, mon cousin ! mais hélas ! notre mère ne peut quitter son appartement... ma fidèle Marsiane me l'assurait ce matin même !

BOIS-DAUPHIN, bas, à Henri de Navarre. Marsiane !... il est dit que nous nous rencontrerons partout !

LE DUC. Sire, voyez là-bas, dans la galerie... c'est elle !... c'est Psyché !...

HENRI DE NAVARRE, se penchant vers Bois-Dauphin. Il paraît que, comme moi, c'est la jolie Psyché qui les attire ! Toi seul ici n'es pas amoureux d'elle !
Bois-Dauphin soupire. Le duc se cache vivement derrière un pilier. Le roi se blottit derrière un large fauteuil.

SCÈNE VII

LES MÊMES, PSYCHÉ, elle est en costume de demoiselle d'honneur.

PSYCHÉ, se croyant seule. Ce n'est qu'au seuil de ce saint asile que s'arrête le mépris de mes nobles compagnes. Elles sont envieuses de la protection que m'accorde le roi. Elles me dédaignent en même temps à cause de ma naissance et je n'ai pas une sœur, pas une amie dont le cœur puisse comprendre le mien ! (S'agenouillant devant le prie-Dieu et s'adressant à l'image de la Vierge.) Toi seule, ô Vierge, tu m'entends et me prends en pitié... Consolatrice des affligés, espoir des cœurs aimants, exauce la prière que chaque soir je t'adresse. Veille, divine madone, sur celui que mon cœur a choisi... veille sur celui que j'aime, veille sur Henri !...

LE ROI. Henri !

LE DUC. Henri.

HENRI DE NAVARRE. Henri... c'est moi !...

BOIS-DAUPHIN, tristement. Hélas ! ce n'est pas moi !...
Le roi et le duc de Guise ont quitté doucement le premier son fauteuil, le second son pilier, ils s'avancent vers Psyché agenouillée.

LE DUC, arrêtant le roi. Sire !...

LE ROI. Ah ! elle a refusé d'embellir de sa présence cette fête que je donnais pour elle !... Elle va ce soir me payer ses dédains.
Il dépose un baiser sur ses épaules. Psyché se lève d'un bond, en poussant un cri de terreur.

PSYCHÉ, éperdue. Le roi !... Quoi... sire... vous osez... ici ?...

LE ROI, après un moment d'hésitation craintive. L'orgie de cette nuit a allumé l'incendie dans mon cœur et les mines effarées ne font qu'irriter ma passion.

BOIS-DAUPHIN, portant la main à son épée. Ah ! c'en est trop !

HENRI DE NAVARRE, se jetant au devant de lui. Laisse-moi faire.
Il souffle la lampe. Obscurité complète.

PSYCHÉ. Sainte Marie !... Merci de m'avoir sauvée...
Elle disparaît.

LE ROI, continuant sa poursuite à tâtons ainsi que le duc. Maudit coup de vent !

HENRI DE NAVARRE, se mettant à rire. L'une me prend pour sainte Marie, l'autre pour un coup de vent ! Il s'agirait de s'entendre !

LE ROI, à Bois-Dauphin. Est-ce vous, Psyché ?

BOIS-DAUPHIN. Le roi ! diable ! ne nous découvrons pas !

LE DUC, au Béarnais. Venez, sire !...

HENRI DE NAVARRE. Aïe ! le Balafré ! (Il s'éloigne vivement et se trouve avec Bois-Dauphin.) Ventre saint-gris ! qui est-ce qui me fourre sa moustache dans l'œil ?

BOIS-DAUPHIN. C'est vous, sire ?

LE ROI, prenant la main du duc de Guise. Ah ! je te tiens enfin, ma belle !

LE DUC. Pardon, sire, c'est moi !

LE ROI. C'était cet infernal duc. (Voix de femmes dans la galerie sur laquelle ouvre l'oratoire.) Allons ! bon, voici venir l'escadron volant de madame Catherine ! Au diable toutes ces bavardes fillettes !... Elles viennent trop tôt !
Les quatre Henri tâchent de retrouver à tâtons leurs places, se heurtent dans les ténèbres et changent de position.

SCÈNE VIII

LES MÊMES, PSYCHÉ, LA REBOURS, LA THORIGNI, LA FOSSEUSE, LA MARQUISE DE NOIRMOUTIERS, DEMOISELLES D'HONNEUR, PAGES.

Deux Pages entrent portant des flambeaux. Le théâtre s'éclaire. — Entrée bruyante de l'escadron volant.

BOIS-DAUPHIN, s'apercevant, ainsi que Henri de Navarre, qu'il n'est plus à sa place. Les deux armées ont changé de position.
Sortie des Pages. Psyché s'avance, toutes les demoiselles d'honneur se reculent d'elle. — Les demoiselles d'honneur se sont groupées autour de la Rebours.

TOUTES. Parle, mais parle donc !

FOSSEUSE. Tu nous a réunies cette nuit pour nous dire une grande nouvelle... nous attendons !

TOUTES. Nous attendons !

LA REBOURS, attirant près d'elle Thorigni et Fosseuse d'un air mystérieux. Demoiselles, on vient de m'apprendre que le roi de Navarre est à Blois depuis quelques jours, et qu'autour du château où la maladie de la reine nous tient prisonnières, il a été aperçu rôdant et chevauchant.
Mouvement général.

TOUTES. Le roi de Navarre !

LE ROI, bas au duc de Guise. Voyez-vous cela !...
Psyché est en proie à une grande émotion.

LA MARQUISE DE NOIRMOUTIERS, railleuse. Le Béarnais à Blois ! cela est-il possible ? Et que doit dire de son absence la belle Corisande.

HENRI DE NAVARRE, dans son coin. Aïe... elle a bien besoin de parler de mes amours devant Psyché !

PSYCHÉ, apercevant Henri de Navarre. Le roi de Navarre !... (Apercevant Bois-Dauphin.) Henri !... Lui !... Lui !... lui !...

THORIGNI. Ce pauvre Béarnais... c'est un bonhomme !...

HENRI DE NAVARRE, à part. Un bonhomme !

LA REBOURS. Au reste, c'est ce que dit la reine Marguerite, sa jolie épouse.

HENRI DE NAVARRE. Allons bon... Pourquoi diantre mettre ma femme en jeu ?

LE ROI, au duc de Guise. On va médire de ma sœur Margot.

MADAME DE NOIRMOUTIERS. Vous savez, mesdemoiselles, que de tout temps, la chasse a été le plaisir favori du Béarnais.

TOUTES. Oui... Eh bien ?

MADAME DE NOIRMOUTIERS. Eh bien ! pendant que ce Nemrod gascon passe une partie de sa vie à courre le cerf dans toutes les forêts de France et de Navarre, il paraît que la reine Marguerite est assez complaisante pour lui faire provision de bois.
Toutes les demoiselles éclatent de rire.

LE ROI. Comme elle traite ma sœur !

HENRI DE NAVARRE. Comme elle drape ma femme !

MADAME DE NOIRMOUTIERS. Au fait... cette pauvre reine... elle venge les femmes en général...

LA REBOURS. Et elle se désennuie...

THORIGNI. En particulier... ce cher Béarnais ! quel vainqueur lorsqu'il lançait aux femmes ses œillades assassines !... le nez au vent, le poing sur la hanche et frisant avec fatuité les bouts de sa moustache... (Elle imite la démarche du roi de Navarre.) Sandis !... cadédis !... mordi !... ventre saint-gris !... voilà une jolie fillette !
Nouveaux rires.

HENRI DE NAVARRE, à Bois-Dauphin. Henri, que dis-tu du portrait ?

BOIS-DAUPHIN. Frappant, sire !

HENRI DE NAVARRE. Bien obligé !...

MADAME DE NOIRMOUTIERS. C'est égal ! qu'il prenne garde à lui !...

TOUTES. Pourquoi ?

MADAME DE NOIRMOUTIERS. Parce que la reine-mère, ayant appris l'escapade du Béarnais, a juré que s'il rentrait de nouveau dans le Blésois, il n'en sortirait pas vivant.

HENRI DE NAVARRE. Bonne mère Catherine !... je la reconnais bien là !...

PSYCHÉ, au comble de l'effroi. La reine a dit cela !...

MADAME DE NOIRMOUTIERS, sans répondre. Et personne au monde n'oserait lutter contre la volonté de la reine !...

PSYCHÉ, d'une voix haute et ferme. Au péril de ma vie, je l'oserais moi !... (Appuyant sur chaque mot.) Oui, si le roi de Navarre s'était réellement introduit dans cette ville, dans ce château même, et si je venais à l'y surprendre, fussé-je entourée de témoins, je saurais encore les supplier de fuir et, s'il le fallait, lui en indiquer le moyen !

Ses yeux se sont tournés expressivement vers la porte secrète placée au premier plan à droite. — Bois-Dauphin a suivi le regard de la jeune fille. Il touche le bras de Henri de Navarre qui lui fait un signe d'intelligence, et tous deux se glissent sans bruit derrière les piliers, atteignant la muraille où se trouve la porte et cherchent le ressort qui la fait ouvrir.

LA REBOURS, d'un ton gouailleur. Mais les personnes présentes, vous supposez donc, ma mie, qu'elles consentiraient à fermer les yeux?

PSYCHÉ. Oh !... non !... non. Sans doute... mais à ces témoins dangereux, je dirais.... je dirais...

LA REBOURS, avec impatience. Vous diriez, quoi !... achevez donc, ma chère ?...

PSYCHÉ, prenant un air terrifié. Ah! mon Dieu ! mon Dieu !... regardez... là-bas !.. là-bas, demoiselles ! (Elle indique le côté de l'oratoire opposé à celui où se trouvent en ce moment Henri de Navarre et Bois-Dauphin. — Feignant un effroi violent.) Voyez !... voyez !... se glisser le long de la muraille ce spectre pâle et livide... ce fantôme qui jette sur nous ses regards de feu... c'est le chasseur noir qui passe... (Pendant que les demoiselles d'honneur regardent avec crainte par la fenêtre; Psyché gagne vivement la droite et jette à voix basse ces mots au Béarnais.) Là ! cette croix dans le mur.

HENRI DE NAVARRE, lui baisant la main. Autant d'esprit que de beauté !

Bois-Dauphin a pressé le ressort. La porte secrète s'ouvre aussitôt.

Les deux Henri disparaissent.

THORIGNI, après un temps. Je ne vois rien !...

UNE AUTRE. Ni moi !...

TOUTES. Ni moi !... ni moi !...

LA REBOURS, à Psyché. Que disiez-vous donc, ma mie ?... Ce fantôme ?...

PSYCHÉ. Ce fantôme ?... Il était là, madame. (Elle a tout en parlant suivi les mouvements de Bois-Dauphin et de Henri de Navarre. — La porte se referme, Psyché continue avec un sourire.) Il était là, mais il n'y est plus !

SCÈNE IX

LES MÊMES, MOINS HENRI DE NAVARRE ET BOIS-DAUPHIN.

Psyché a gagné la gauche et se trouve près du prie-Dieu. Henri III, sans être aperçu des autres demoiselles, baise la main de Psyché.

PSYCHÉ, à part. Le roi !... Encore ici !... (Elle jette un coup d'œil autour d'elle. Elle aperçoit le duc de Guise.) Le duc de Guise !...

MADAME DE NOIRMOUTIERS, qui a entendu l'exclamation de Psyché. Le duc de Guise !... que dit-elle donc?

LA REBOURS. A propos de ce cher Balafré !... Avez-vous remarqué, mesdames, comme depuis quatre jours il est bien avec Sa Majesté.

LA FOSSEUSE. Oui sans doute ; depuis leur fameuse reconciliation, ils ne se quittent plus.

THORIGNI. Quel bizarre assemblage. Le duc, ce terrible guerrier... cet homme qui doit avoir un cœur de fer comme son armure. Rien que de le voir, j'ai le frisson...

LE ROI, bas. A vous, mon cousin !...

MADAME DE NOIRMOUTIERS. Ce n'est pas comme le roi, rien que de le voir, j'ai envie de rire.

LE DUC, au roi. A vous, mon cousin !

THORIGNI. Le roi !... vous ne savez pas... Il porte un corset...

TOUTES. Un corset !...

THORIGNI. Et puis, il se gomme les cheveux et les moustaches... Et le soir il fait joncher sa chambre de tendres violettes et de roses odorantes... et il ne peut dormir que lorsqu'il se voit entouré d'une multitude de petits chiens !...

TOUTES. Des chiens !...

THORIGNI. Touchant emblème de la fidélité de ses courtisans !...

Rires des jeunes filles. — Le roi est furieux.

PSYCHÉ, jetant un coup d'œil effrayé du côté du roi. Taisez-vous... Si vous saviez...

MADAME DE NOIRMOUTIERS, hautaine. Nous taire... et pourquoi ?...

Psyché ne répond rien.

THORIGNI. Vous vous étonniez tout à l'heure, demoiselles, de l'amitié merveilleuse du prince de Lorraine et de Henri de Valois ?... Quand j'aurai tout dit vous vous étonnerez plus encore...

TOUTES. Parle donc !

THORIGNI. Monseigneur le duc de Guise veut se faire proclamer roi de France au lieu et place de Sa Majesté Henri III.

TOUTES. Roi de France !

Le roi lance un regard de haine au duc de Guise.

LE DUC, vivement. Votre majesté n'ajoute pas foi, je pense, à ce bavardage de femmes ?...

LE ROI. Moi... Dieu m'en garde !

LA REBOURS. Et le roi !... le roi, qu'en feraient-ils donc ?...

THORIGNI. Un moine.

TOUTES. Un moine !...

Le duc fait un mouvement comme pour s'élancer vers elle.

LE ROI, le retenant. Restez !... restez !... mon beau cousin !...

THORIGNI. Oui !... Et mademoiselle de Montpensier a dit ce matin aux ligueurs en leur montrant des petits ciseaux d'or qui pendaient à sa ceinture : « C'est pour faire la couronne monacale à Henri, quand il sera confiné dans un monastère... » et ces ciseaux, le cardinal de Lorraine les a bénis...

Le roi est hors de lui, il écume de rage et enfonce ses ongles dans le chêne du prie-Dieu. — Psyché est inquiète, effarée. Le duc s'efforce de faire bonne contenance.

LE DUC. Sire... croyez...

LE ROI, le forçant à demeurer en place. Écoutez, vous dis-je. Je suis encore votre maître, et je vous l'ordonne !...

LA REBOURS. A moi maintenant de faire ma confidence...

PSYCHÉ, qui n'a cessé de regarder le roi et le duc avec terreur. Demoiselle, au nom du ciel... Songez à ce que renferment vos paroles et n'oubliez pas où vous êtes...

LA REBOURS, sans se soucier d'elle, d'un air mystérieux. Si le duc a ses projets contre la liberté du roi, le roi a les siens contre la vie du duc de Guise... Ce matin même, il a fait mander ses quarante-cinq gentilshommes et il a exigé d'eux le serment...

LE ROI, s'élançant en scène : d'une voix terrible. Silence, malheureuse !...

TOUTES, avec épouvante. Le roi !...

LE ROI, d'un ton impérieux. Sortez !... sortez !...

Sortie des demoiselles d'honneur.

SCÈNE X

HENRI III, HENRI DE GUISE.

LE ROI, se croisant les bras. Eh bien ! monsieur le duc, qu'en dites-vous?

LE DUC. Et vous-même, sire?

LE ROI. Ah! vos partisans vous ont offert ma couronne?

LE DUC. Ah! vos quarante-cinq gentilshommes ont fait le serment de m'assassiner?

LE ROI. Renverser du trône le roi de France, le jeter dans un cloître! et votre frère le cardinal a béni les ciseaux.

LE DUC. Et vos sicaires aiguisent les poignards!

LE ROI. J'avoue que je ne vous crois pas capable d'une telle lâcheté!

LE DUC, avec insolence. Et moi j'avoue, sire, que je ne vous crois pas capable d'un tel courage!

Il s'est croisé les bras et regarde en face Henri III. Ce dernier, devant cette provocation, semble en proie à la plus violente colère, mais bientôt son regard se baisse devant celui du duc.

LE ROI, après un temps, d'un ton doucereux. Mon beau cousin, je l'ai toujours pensé et le veux croire encore, vos ennemis et vos amis aussi peut-être vous calomnient en vous prêtant des desseins qui ne furent jamais vôtres!

LE DUC. J'en dirai autant de vous, sire, pour l'honneur de Votre Majesté !

LE ROI. Votre main, mon bien-aimé cousin!

LE DUC, la lui tendant. Elle est comme mon cœur, sire, elle ne tremble pas ! (S'inclinant.) Dieu garde Votre Majesté !

Il sort lentement par la droite.

SCÈNE XI

LE ROI, seul un instant, puis MARSIANE.

LE ROI. Il reste un moment les yeux fixés dans la direction du duc. Puis d'une voix lente : « Celui qui mettra sa main dans la vôtre sera celui qui vous frappera »

Marsiane paraît au fond.

LE ROI, l'aperçoit. Ah ! c'est toi, Marsiane !... Viens... me répéter ta prédiction fatale... Ta prédiction que j'ai écoutée en raillant et qui ne cesse de me poursuivre !...

MARSIANE. Sire !... par grâce... par pitié !... oubliez... oubliez... ces paroles insensées... oubliez cette prédiction sinistre... j'étais folle !...

LE ROI. Les cartes ne mentent pas ! la destinée est immuable !... Le duc de Guise doit périr de ma main... il périra !...

MARSIANE. Lui !... lui, qui m'a sauvée... grâce, grâce pour lui... au nom du ciel qui vous voit... au nom de ce Dieu qui vous écoute !

LE ROI. Que parles-tu du ciel, sorcière maudite ! que parles-tu de Dieu, fille du diable !... le ciel et Dieu n'ont rien à voir en tout ceci, c'est de l'enfer que je prends conseil !... ma vengeance s'accomplira !...

MARSIANE. Pitié !...

LE ROI. Mais, misérable folle, tu ne sais donc pas qu'il faut que je l'écrase, cet homme, si je ne veux être écrasé par lui !... malheur ! malheur à celui des deux qui se laissera devancer par l'autre ! Depuis trop longtemps, cette odieuse maison de Lorraine et m'insulte et me brave !... je la châtierai dans son chef orgueilleux. Écoute, sais-tu ce que j'entendais bourdonner à mes oreilles avant l'arrivée de Henri de Guise aux états généraux : « Il y a deux rois en France, celui de Blois » et celui de Paris. » Paris ! Il a pu s'en éloigner, l'imprudent... il est venu se livrer à ma vengeance, le téméraire !... par la mort-Dieu, il ne sortira plus de ce château !...

MARSIANE. Sire, épargnez-vous des remords éternels !... Pardonnez à Henri de Lorraine, dont le sang retomberait un jour sur votre tête !

LE ROI. Que m'importe ?...

MARSIANE. Que vous importe, dites-vous ?... Mais si la prédiction s'accomplit pour le duc de Guise, ne craignez-vous donc pas qu'elle s'accomplisse aussi pour vous ?

LE ROI, pâlissant. Pour moi !... pour moi !...

Lupus paraît au fond.

SCÈNE XII

LES MÊMES, LUPUS.

LUPUS, à part. Cette fois, Psyché, c'en est fait de tes amours !...

LE ROI, apercevant Lupus. Que nous veut-on ?

LUPUS. Majesté, deux étrangers se sont introduits cette nuit dans le château. L'un a disparu... l'autre est en notre pouvoir...

LE ROI. Son nom ?

LUPUS. Henri de Bois-Dauphin, le huguenot !

MARSIANE, tressaillant vivement. Henri de Bois-Dauphin !

LE ROI. Henri de Bois-Dauphin ! (Se retournant vers Marsiane.) Tu parlais de pardon tout à l'heure, eh bien ! celui que tu hais, celui dont le père a fait mourir ton époux bien-aimé, cet Henri de Bois-Dauphin dont tu souhaites le trépas... il est ici, dans ce château ! Si je te le livrais... si je te faisais l'arbitre de son sort... accepterais-tu ?... accepterais-tu ? réponds.

MARSIANE, à moitié folle. J'accepterais !

LE ROI, à part. Elle aussi, elle trouve la vengeance chose juste et légitime !... (Présentant à Marsiane une bague.) Prends cet anneau. Il te donne un pouvoir égal au mien... uses-en selon ton désir.

MARSIANE. Merci, sire !...

Sortie de Lupus et de Marsiane.

SCÈNE XIII

LE ROI, seul un moment, PUIS LE SIRE DE LOIGNAC.

LE ROI. Moi aussi, je me vengerai !...

De Loignac a paru par la porte de droite, troisième plan, il vient au roi.

DE LOIGNAC, bas au roi. Sire, nous attendons vos ordres au sujet de monseigneur de Guise.

LE ROI. Mes ordres...

DE LOIGNAC. Un seul instant vous reste, le duc fait ses préparatifs de départ !...

LE ROI. Il veut partir... Venez... Loignac... Le roi de Paris ne rentrera pas dans son royaume !

Ils sortent, la scène reste vide un moment. Coups de feu au dehors. — Arquebusade.

SCÈNE XIV

BOIS-DAUPHIN, puis LUPUS, SOLDATS.

BOIS-DAUPHIN, les vêtements en désordre, entre brusquement par la porte de droite, l'épée à la main. Le roi de Navarre a pu leur échapper... moi, j'ai passé à travers les balles sans une égratignure !

Lupus paraît par la porte secrète. Marsiane paraît par le fond. Tout le théâtre se garnit de soldats.

LUPUS, aux soldats. Saisissez-vous de cet homme !

SCÈNE XV

LES MÊMES, MARSIANE, PSYCHÉ.

BOIS-DAUPHIN, apercevant Marsiane. Marsiane !

MARSIANE. Oui, Marsiane ! seule maîtresse de ton sort !

BOIS-DAUPHIN. Vous !

MARSIANE. Moi !... regarde !...

Lui montrant l'anneau royal.

BOIS-DAUPHIN. La couronne des Valois !...

MARSIANE. Cet anneau, c'est le roi qui vient de me le remettre... pour que ceux à qui je vais ordonner ton supplice m'obéissent comme à lui-même.

BOIS-DAUPHIN. Mon supplice !

PSYCHÉ, s'élançant en scène. Grâce, madame, grâce pour lui !

BOIS-DAUPHIN. Psyché !

LUPUS. Ma mère, que tardez-vous ?

MARSIANE. Qu'on entraîne cet homme, et qu'il meure !... je le veux !... obéissez !...

PSYCHÉ, se traînant aux pieds de la sorcière et lui étreignant les mains. Grâce ! grâce ! madame !

MARSIANE. Pas de grâce !

Entrée vive du roi de Navarre.

SCÈNE XVI

LES MÊMES, HENRI DE NAVARRE.

HENRI DE NAVARRE. Arrêtez !...

MARSIANE. Le roi de Navarre !...

TOUS. Le roi de Navarre !...

PSYCHÉ, poussant un cri de terreur. Lui !... lui !...

BOIS-DAUPHIN. Sire, c'est mal à vous d'être revenu.

HENRI DE NAVARRE. As-tu pensé, mon fils, que je te laisserais en danger sans essayer de te secourir ?...

BOIS-DAUPHIN. Mais c'est votre vie que vous jouez en ce moment !

LE ROI. Mais, ventre-saint-gris, monsieur, vous jouez bien la vôtre !

BOIS-DAUPHIN. Au fait, nous gagnerons peut-être la partie ! (A Marsiane.) Vous avez entendu, vous ne pouvez maintenant attenter à la vie de votre ennemi, sans attenter aux jours de votre bienfaiteur.

MARSIANE. Il dit vrai !...

PSYCHÉ. Vous ne pouvez venger votre époux sans être infâme envers celui qui a sauvé votre mère !

BOIS-DAUPHIN. Allons, remettez-nous cette bienheureuse bague qui seule peut faire baisser le pont-levis en notre honneur !

MARSIANE. Cette bague !... à vous !...

HENRI DE NAVARRE. Ou à moi, si vous le préférez... mais pour nous sauver l'un et l'autre !...

MARSIANE, lui remettant la bague. Sire, toute ma vie vous appartient, et ma vengeance, je vous la sacrifie.

LUPUS. Ma mère, que faites-vous ?

MARSIANE. Ce que m'ordonne ma reconnaissance. (Aux soldats.) Obéissez à l'anneau royal.

LUPUS. Ma mère !

HENRI DE NAVARRE, à Psyché. Au revoir, ma jolie payse, au revoir...

BOIS-DAUPHIN. Cher monsieur Lupus, tout à vous ! ma belle demoiselle, Dieu vous garde !

HENRI DE NAVARRE, à Marsiane. Merci, ma digne amie !... Viens, Henri !...

SCÈNE XVII

MARSIANE, PSYCHÉ, puis DE GUISE, LES QUARANTE-CINQ, LE ROI.

LUPUS. Mort de ma vie, ma mère ! que parliez-vous, jadis, de haine et de vengeance ! oh ! lâche cœur, qui oublie et qui pardonne !

MARSIANE. Non ! non ! ni oubli, ni pardon !... mais les cartes l'ont dit... heureux !... toujours heureux !.. La destinée des quatre Henri s'accomplira !

Cris dans la coulisse.

LA VOIX DU DUC DE GUISE. Ah !... à moi !.. à moi !...

MARSIANE, avec un cri épouvantable. Ah ! le duc de Guise !... le duc de Guise !...

Elle va s'élancer vers la droite. — Le duc entre en scène, sanglant, percé de coups, poursuivi par les assassins.

DE GUISE, mourant. Ah ! miséricorde !

Il tombe à terre, sans mouvement. Le roi paraît sur le seuil de la porte de droite, pâle et tremblant. Le duc relève un peu la tête.

DE LOIGNAC, au duc. Demandez pardon à Dieu et au roi, monsieur.

LE DUC, d'une voix haletante. Pardon !... à Dieu... j'y consens... je veux... oui... je lui demande grâce des fautes de ma vie... mais... pardon au roi... jamais! jamais !... Henri de Lorraine doit mourir comme il a vécu : la tête haute et la fierté au front !... Roi de France !... à mon dernier soupir, je te brave encore... mais, tenez... tenez, regardez tous, Valois le meurtrier !... il est plus pâle que moi... Adieu !... je te maudis et je vais t'attendre !

Il expire.

MARSIANE, tombant à genoux en sanglotant auprès du cadavre et mettant la main sur le cœur. Mort !... il est mort ! et par ma faute! Si j'avais renoncé à ma vengeance, le roi aurait renoncé à la sienne peut-être !

LE ROI, il s'approche avec une voix sinistre. Hé bien ! Marsiane, ta prédiction s'est accomplie !...

MARSIANE, se relevant. Pour Henri de Lorraine, oui, sire !... Dieu protége Henri de Valois.

ACTE TROISIÈME

LE CAMP DE SAINT-CLOUD

10 août 1589. — Le théâtre représente les dernières limites du camp occupé par le roi de France. — A gauche, en pan coupé, la tente de Henri III. — Les draperies à demi baissées et l'on voit venir dans l'intérieur de la tente deux gardes royaux, l'épée nue à la main. — En perspective, les hauteurs de Saint-Cloud.

SCÈNE PREMIÈRE

MARSIANE, LUPUS, LES DEUX GARDES.

Au lever du rideau, brouhaha. On entend le bruit de la canonnade et de la mousqueterie. — Lupus est à gauche assis sur une pierre, la tête dans les mains. Marsiane, debout, immobile, auprès de la tente, semble anxieuse et inquiète.

MARSIANE. Les Espagnols auront le dessus... indisciplinés, mal commandés, les soldats de Henri III ne pourront résister long temps...

LUPUS, d'un ton railleur. Ah ! la Ligue est puissante, ma mère... elle a chassé Henri III de sa capitale... la mort du duc de Guise a déchaîné contre lui un parti implacable !... Il a tué Henri de Lorraine, mais il n'a pas anéanti son nom... et, à ce nom seul, les villes se soulèvent et les peuples voisins s'unissent à la France contre son roi... (Prenant les mains de Marsiane.) Écoutez ces clameurs : c'est une dynastie qui expire !

MARSIANE. Tais-toi ! tais-toi !...

LUPUS. Pourquoi pleurer sur le sort du Valois ? Est-il un roi ? non : il a bien compris sa faiblesse, puisque, pour résister à la Ligue, il a été obligé de mendier le secours de votre Béarnais et de ses huguenots maudits !...

MARSIANE. Sans le roi de Navarre, depuis deux mois, la France serait au pouvoir de l'Espagne...

LUPUS, haussant les épaules. Un peu plus tôt, un peu plus tard !... (Fanfares éloignées.) Et tenez, déjà la Ligue célèbre sa victoire !

MARSIANE, remonte et regarde. Non... les nôtres se rallient ! ah ! là-bas, dans la plaine, sous les rayons du soleil, vois ce fier cavalier à l'armure étincelante... c'est Henri de Navarre !

LUPUS, regardant. Oui, et à ses côtés, regardez... regardez donc, ma mère...

MARSIANE, avec un cri. Henri de Bois-Dauphin !

LUPUS. Tous tombent ! mais lui, il reste debout, calme et souriant au milieu des balles. (Avec joie.) Ah! il tombe dans un gros d'Espagnols... on l'entoure ! il est perdu !...

MARSIANE. Non : il se fraye un passage avec son épée... sauvé !... toujours !...

LUPUS, avec rage. La destinée, ma mère! la destinée! Jusqu'à cette heure nous sommes parvenus à empêcher ce Bois-Dauphin exécré de revoir celle dont il est aimé, celle qu'il aime. Mais bientôt, fort des succès du Béarnais, il sera maître au camp de Saint-Cloud, plus que le roi Henri III lui-même, plus que vous, ma mère, qui commandez au roi !... et il verra Psyché ! il lui parlera !... il apprendra d'elle combien il est aimé, et son bonheur sera au comble !...

MARSIANE. Son bonheur ?... oh ! je saurai bien le briser. Cours à l'hôtel de Gondy, et amène-moi Psyché...

LUPUS. Quel projet est le vôtre ?...

MARSIANE. Tu sauras tout, Lupus... hâte-toi ! hâte-toi !

Lupus s'éloigne vivement. En ce moment, les draperies de la tente royale s'écartent. — Deux pages paraissent.

Ah ! Le roi !...

Henri III paraît, pâle, vieilli et se tenant à peine. — Marsiane court à lui.

SCÈNE II

LES MÊMES, HENRI III.

MARSIANE. Vous, sire.

HENRI III. J'ai fait un effort pour venir respirer un peu. (Il se laisse tomber sur la pierre. Marsiane est près de lui. Lupus remonte et disparaît derrière la tente royale.) Ma pauvre Marsiane... je vais bien mal, l'horrible sommeil... j'ai eu d'étranges visions..... (Regardant les soldats de garde.) Qu'ils sont heureux, ces hommes !.. Ils n'ont pas de remords!

MARSIANE. Sire.

HENRI III. C'est justice, ils ne sont pas criminels, eux !.. ils n'ont pas fait lâchement égorger leurs proches.

MARSIANE. Au nom du ciel !...

HENRI III. C'est qu'ils n'avaient pas pour ennemi un ambitieux, un voleur de couronne !... (Long silence, les yeux du roi deviennent fixes, il reprend d'une voix haletante.) Je ne voulais pas que les restes de Henri de Guise fussent abandonnés aux ligueurs... Ils en auraient fait des reliques... et le corps fut brûlé dans la chaux vive !... D'un des balcons du château, je vis les cendres du duc jetées à la rivière... le vent soufflait avec force... et ces cendres, j'en fus tout couvert !... on eût dit un suaire qui m'enveloppait !

MARSIANE. Sire !... vous m'aviez promis de ne plus évoquer ces lugubres souvenirs!

HENRI III, continuant avec fièvre. Et le jour de Noël, t'en souvient-il, une procession de plus de cent mille enfants se rendit à Sainte-Geneviève ; chaque enfant tenait en sa main un cierge. En entrant dans l'église, tous en même temps les éteignirent et les foulèrent aux pieds en criant : Dieu éteigne ainsi la race des Valois.

Un silence.

MARSIANE. Souhait impie, sire... que Dieu ne réalisera pas.

HENRI III, lentement. Notre bonne mère Catherine est déjà dans la tombe et son fils se meurt en ce moment.

MARSIANE. Sire... cette destinée que vous redoutez, nous en triompherons. La prédiction s'est accomplie pour Henri de Guise, mais Dieu ne permettra pas qu'elle s'accomplisse pour les autres.

HENRI III. Tu crois...

MARSIANE. J'en suis sûre.

HENRI III. Ta confiance me fait grand bien... (Canonnade lointaine.) On se bat donc toujours?

MARSIANE. Toujours!...

HENRI III. Et serons-nous vainqueurs?

MARSIANE. Les vôtres pliaient... mais, voyant le péril, le roi de Navarre est accouru et vos troupes ont repris l'avantage!

HENRI III. C'est un bon allié que j'ai pris là, Marsiane...

Fanfares, acclamations, une foule de soldats catholiques et huguenots accourent en scène. Puis paraissent Henri de Navarre, Bois-Dauphin, Artaban, etc.

SCÈNE III

LES MÊMES, HENRI DE NAVARRE, BOIS-DAUPHIN, ARTABAN, SOLDATS HUGUENOTS ET CATHOLIQUES.

Costumes de campagne, cuirassé. Henri de Navarre a un panache blanc et un manteau écarlate. Tous sont couverts de poussière.

HENRI III. Eh bien? cher beau-frère, la bataille?

HENRI DE NAVARRE. La bataille est gagnée, mordi!... ah! M. de Mayenne doit être furieux... Nous avons fait une ample moisson d'étendards et de prisonniers...

HENRI III. Dans mes bras, Henri, ce n'est pas la première victoire que vous remportez pour notre cause, et nous le disons bien haut, si nous conservons notre trône, ce sera grâce à vous...

HENRI DE NAVARRE. Et vous le conserverez, sire... avant trois jours, Paris sera à nous, et votre couronne vous sera rendue... (Canonnade éloignée.) et tenez, sire, écoutez, c'est le prélude du bombardement de demain.

HENRI III. Prêtez tous l'oreille, c'est la ville rebelle qui reçoit son châtiment; c'est la révolte qui agonise. (Au Béarnais.) Mon frère, je veux commander ce siége avec vous... je veux faire voir à ce peuple turbulent que le vainqueur de Jarnac et de Montcontour est toujours debout, venez, venez!... (Grand mouvement. — Le roi, prêt à s'élancer vers le fond; chancelle, son épée s'échappe de ses mains, et il tombe presque dans les bras de Marsiane. D'une voix faible :) Non! je ne pourrais pas... vous commanderez seul, mon frère, moi... je ne puis plus rien!... Rien! (Appuyé sur Marsiane.) Soutiens-moi, Marsiane, je suis bien mal!... bien mal!

Il fait un geste d'adieu à Henri de Navarre et rentre dans sa tente avec Marsiane et les pages.

SCÈNE IV

LES MÊMES, MOINS MARSIANE et LE ROI.

HENRI DE NAVARRE. Soldats, votre dévouement peut seul sauver le pays... Dans quelques secondes nous rejoindrons sous les murs de Paris les régiments suisses, allemands et gascons... mais... comme je veux que vous battiez gaiement... par mon ordre, les aubergistes de Saint-Cloud ont apporté au camp leurs plus vieilles futailles!

TOUS. Vivat!

Des garçons d'auberge paraissent au fond roulant des tonneaux.

HENRI DE NAVARRE, montrant l'une des barriques. Artaban, éventre cette respectable tonne, et buvez, camarades!

Les soldats entourent les tonneaux; on leur a distribué des gobelets.

ARTABAN, apportant un gobelet. Voilà, sire, le plus limpide du tonneau.

HENRI DE NAVARRE, prenant le gobelet. Amis... à cette heure... il n'y a plus ici ni catholiques ni huguenots... nous sommes tous Français... et je bois à la France!

TOUS. A la France!

ARTABAN. Et au roi de Navarre! Diou bibant!

TOUS. Au roi de Navarre!

Les soldats s'éloignent.

SCÈNE V

LE BÉARNAIS, BOIS-DAUPHIN, OFFICIERS.

Les officiers du roi de Navarre restent au fond.

LE BÉARNAIS, à Bois-Dauphin. Voilà, mon fils, comment on se rend populaire! Maintenant, monsieur mon officier, laissez-moi vous féliciter, vous deviendrez quelque jour un grand capitaine!

BOIS-DAUPHIN. Guerroyant en votre compagnie, je suis à bonne école, sire!

HENRI DE NAVARRE. Oh! ces étudiants... jeunesse endiablée. Si j'avais licence d'enrôler sous mes drapeaux la Sorbonne et les colléges de Navarre et de Cluny... mordi... je me ferais fort avec cette poignée d'enfants, de tenir en échec une armée entière!...

BOIS-DAUPHIN. Cessons de parler de moi, sire, et parlons de vous, de vous que le roi Henri III lui-même semble désigner pour lui succéder bientôt sur le trône de France.

HENRI DE NAVARRE, montrant la tente royale. Plus bas, plus bas, mon fils. (A mi-voix.) Oui, Henri, je le sens, cet avenir est proche, il m'apparaît plein de lumière et de gloire. Eh bien, si je t'avouais que cette position qui se crée pour moi en France ne m'absorbe pas tout entier.

BOIS-DAUPHIN. Je ne vous comprends pas, sire!

LE BÉARNAIS. Te rappelles-tu Psyché, mon fils?...

BOIS-DAUPHIN. Oui, sire, oui! je me la rappelle...

HENRI DE NAVARRE. Depuis notre belle aventure du château de Blois, c'est-à-dire depuis plus de six mois, les mille et un événements survenus en France m'avaient forcément éloigné de cette adorable fille. Mais j'avais conservé d'elle le plus vif souvenir...

BOIS-DAUPHIN. Eh bien!

HENRI DE NAVARRE. Eh bien! Henri, aujourd'hui que ces mêmes événements me rapprochent de ma gentille compatriote, car elle est ici, à Saint-Cloud, elle habite avec Marsiane l'hôtel de Gondi; maintenant, dis-je, que me voici à deux pas d'elle, mon caprice me revient au cœur plus violent que jadis et je ne serais pas surpris, mon fils, si ce caprice-là prenait avant peu les proportions d'un véritable amour!

BOIS-DAUPHIN. Et que comptez-vous donc faire, sire?...

HENRI DE NAVARRE, mettant son bras sous le sien. Je vais te le dire, Henri. C'est demain seulement, tu le sais, que je devrai me rendre sous les murs de Paris pour diriger les travaux du siége... Eh! bien! cette nuit j'aurai trompé la vigilance de Marsiane et de son fils adoptif!... Cette nuit, je serai à l'hôtel de Gondi.

BOIS-DAUPHIN, avec émotion. Mais êtes-vous donc certain, sire, que votre amour soit partagé?...

HENRI DE NAVARRE. Je suis trop expert en matière de galanterie pour ne l'avoir pas deviné!... la nuit de l'oratoire a suffi pour me faire tout comprendre... Sa prière pour Henri, son empressement à me faire évader... Et lorsque, sain et sauf, j'ai pu quitter le château avec toi, ne te rappelles-tu donc pas comme elle était radieuse?... Crois-moi, il y avait de l'amour dans cette joie-là!... Et si tu ne t'en es pas aperçu, mon fils, c'est que tu n'es pas amoureux, toi!... voilà tout!

BOIS-DAUPHIN, réprimant un mouvement. En effet, sire, je ne suis pas amoureux....

HENRI DE NAVARRE. Eh bien! tu as tort... c'est si bon d'aimer!...

BOIS-DAUPHIN. Aimez-donc, sire, puisqu'on vous aime!... moi, je me contenterai d'être soldat!... et je solliciterai même de Votre Majesté la faveur de quitter Saint-Cloud ce soir même!

HENRI DE NAVARRE. Tu veux partir sans moi!...

BOIS-DAUPHIN. Je vous attendrai sous les murs de Paris, sire. Avant votre arrivée, il peut y avoir quelque sortie des ligueurs, quelque engagement avec Mayenne, et je veux être là!

HENRI DE NAVARRE, riant. Décidément, tu as le diable au corps!

BOIS-DAUPHIN. Vous m'accordez, sire, la grâce que je demande?

HENRI DE NAVARRE. Je te la refuse, au contraire!... Le camp de Saint-Cloud doit rester sous ta garde!...

BOIS-DAUPHIN. Sire!...

HENRI DE NAVARRE. Ta présence est indispensable ici te dis-je !... Insistes-tu encore ?

BOIS-DAUPHIN. Non, sire, j'obéis !

Tambours, clairons au dehors.

HENRI DE NAVARRE. Tiens ! voici les régiments royaux qui se mettent en marche et se dirigent sur Paris !... Je vais les haranguer quelque peu !... Je ne leur en dirai pas long, je te le promets... et je garderai mon éloquence pour deviser à l'hôtel de Gondi, sur de plus riants sujets ! (Aux officiers.) Venez, messieurs, venez !

BOIS-DAUPHIN, à part. Ah ! Marsiane... tes cartes ont menti, car je suis bien malheureux !

Ils s'éloignent par le fond. — En ce moment paraît par la gauche un moine jacobin.

SCÈNE VI

JACQUES CLÉMENT, Les deux Gardes, puis MARSIANE.

PREMIER GARDE, sortant de la tente au moine. On ne passe pas !...

JACQUES CLÉMENT. Je suis porteur de lettres pour Sa Majesté.

PREMIER GARDE. On ne passe pas... C'est la consigne.

MARSIANE, sortant de la tente du roi. Qu'est-ce donc ?

LE GARDE. C'est ce révérend frère qui dit avoir des lettres pour le roi.

MARSIANE, examinant le moine. Des lettres pour le roi ?

JACQUES CLÉMENT. Signées du président de Harlay et de monsieur de Brionne, emprisonnés à la Bastille par ordre de la Ligue !...

MARSIANE. Votre nom !

JACQUES CLÉMENT. Jacques Clément !...

MARSIANE. Vous ne pouvez, quant à présent, pénétrer auprès du roi... Sa Majesté repose... il vous faut attendre...

JACQUES CLÉMENT. Attendre !... longtemps !...

MARSIANE, avec intention. Peut-être !

Elle remonte.

JACQUES CLÉMENT, bas au garde. Quelle est donc cette femme ?

LE GARDE. C'est Marsiane, la devineresse... confidente intime de Sa Majesté Henri III, et pour le moment la vraie reine de France.

JACQUES CLÉMENT, à lui-même. La sorcière de la forêt de Blois ! (Haut.) J'attendrai !...

Il s'éloigne.

SCÈNE VII

MARSIANE, Les DEUX GARDES.

MARSIANE, à elle-même, suivant le moine des yeux. Cet homme, où donc l'ai-je vu ? Ah ! je me souviens... C'est ce frère mendiant qui a pressé la main de Henri de Valois, la nuit de la prédiction !... Il vient ici dans de mauvais desseins !... C'est la Ligue qui l'envoie ! (Aux sentinelles.) Gardes ! quelque recommandation qu'il puisse avoir, quelque droit qu'il invoque, ne laissez pas pénétrer ce moine !... la vie du roi est entre vos mains !

Les deux gardes s'inclinent et rentrent dans la tente. Lupus paraît avec Psyché.

SCÈNE VIII

Les Mêmes, LUPUS, PSYCHÉ.

PSYCHÉ. Encore une fois, que me veut-on, Lupus, et pourquoi m'amener ici ?

LUPUS. Marsiane va te le dire.

PSYCHÉ. Maîtresse... parlez et puissiez-vous me faire enfin comprendre ce qui se passe... Depuis trois mois, c'est une véritable captivité que je subis...

MARSIANE. Elle va cesser, mais à une condition.

PSYCHÉ. Laquelle ?

MARSIANE, après un temps. Psyché, tu es aimée d'un homme que je hais, car les siens ont fait le malheur de ma vie ; et, si je t'ai fait venir, c'est que je veux que tu m'aides à me venger de cet homme.

PSYCHÉ. Vous me faites peur, madame !

MARSIANE. Jadis, tu me témoignais de la reconnaissance. Tu me devais tout, disais-tu ? Eh bien, le moment est venu de me prouver que tu n'es pas ingrate.

PSYCHÉ. Je ne vous comprends pas.

MARSIANE. Henri de Bois-Dauphin est ici.

PSYCHÉ. Henri !

MARSIANE. Tu le verras tout à l'heure, et si tu m'as jamais aimée, enfant, tu auras la force de lui cacher que tu l'aimes, tu lui enlèveras toute illusion, tout espoir, tu lui diras...

PSYCHÉ. Je lui dirai que j'en aime un autre, n'est-ce pas ? (Sur un signe de Marsiane.) Mais c'est infâme ce que vous me demandez-là.

Henri de Bois-Dauphin paraît au fond.

SCÈNE IX

Les Mêmes, BOIS-DAUPHIN.

MARSIANE. Tu refuses ?

PSYCHÉ. Oui. Je refuse de blasphémer, je refuse de mentir, et si je disais à Henri de Bois-Dauphin que j'en aime un autre, ce serait un mensonge et un blasphème.

HENRI, à part. Mon Dieu !

PSYCHÉ. Vous m'avez recueillie, protégée. — Ma vie est à vous. — Prenez ma vie. Mais mon amour est à lui, ne me le demandez pas.

HENRI, s'élançant. Psyché !

PSYCHÉ, avec un cri. Oh ! Henri !

Elle est dans ses bras.

MARSIANE. Tais-toi !

HENRI DE BOIS-DAUPHIN. Vous avez beau lui imposer silence, ses regards parlent pour elle et me disent son amour.

MARSIANE, avec rage. C'est toi qui la condamnes, ce n'est pas ta vie que je prendrai, c'est la sienne.

PSYCHÉ, avec exaltation. Oh ! je ne vous crains pas. Marsiane, vous avez prédit au fils de votre ennemi un éternel bonheur et j'ai foi dans la destinée.

MARSIANE. Malheureuse !

PSYCHÉ. Oh ! tuez-moi, que n'importe !... mais lui, vous ne l'atteindrez pas, — le sort le protège !

MARSIANE. C'est ce que nous verrons.

LUPUS. Venez, ma mère, venez, avant ce soir, je vous le jure, nous serons vengés !

Ils sortent.

SCÈNE X

BOIS-DAUPHIN, PSYCHÉ.

BOIS-DAUPHIN. Psyché, c'est donc vrai... c'est donc vrai... vous m'aimez !...

PSYCHÉ. Oui, Henri, je vous aime... mais je tremble ; car la haine de Lupus et de Marsiane va se déchaîner contre vous.

BOIS-DAUPHIN. Eh ! que me font leurs menaces !... que me fait leur colère ! Ton cœur bat contre le mien... je brave le monde entier (Bientôt le visage de Bois-Dauphin s'assombrit.) Insensé ! Qu'ai-je dit !... Ah ! j'avais tout oublié !

PSYCHÉ. Henri ! qu'avez-vous donc ?

BOIS-DAUPHIN. Psyché, un malheur nous menace déjà, car un autre que moi, vous aime et celui-là est redoutable... Ce qu'il veut s'accomplit, et devant sa volonté tous doivent courber la tête... Cet autre c'est Henri de Navarre.

PSYCHÉ. Henri de Navarre !...

BOIS-DAUPHIN. Il vous prendra à moi et je n'aurai pas le droit de me jeter entre vous et lui.

PSYCHÉ. Henri ! mon amour, avez-vous dit, vous rend fort contre tous. — Ne tremblez donc pas... et, parlez, qu'exigez-vous de moi ?

BOIS-DAUPHIN. Psyché !... ce soir même, à la nuit tombée, il faut être loin... loin d'ici... si Henri de Navarre vous revoit... c'en est fait de notre amour !...

PSYCHÉ. Eh ! bien, fuyons ensemble !...

BOIS-DAUPHIN. Fuir ! je ne le puis, je n'en ai pas le droit... fuir... serait déserter...

PSYCHÉ. Je partirai seule...

BOIS-DAUPHIN. Où irez-vous ?

PSYCHÉ. Hors de France... au Béarn... chez ceux qui m'ont recueillie enfant...

BOIS-DAUPHIN. Partir, seule...

PSYCHÉ. Qu'importe ! nous autres filles des montagnes, nous sommes fortes et courageuses. Henri... en ce moment solennel... recevez ce serment... quoi qu'il advienne, entendez-vous bien, je ne serai jamais qu'à vous, je le jure ici devant Dieu !...

Elle s'éloigne vivement par la gauche, premier plan.

SCÈNE XI

BOIS-DAUPHIN seul, puis **LUPUS** et **QUATRE SOUDARDS**, puis **LES DEUX GARDES**.

BOIS-DAUPHIN. A présent, je me sens fort à remuer le monde... (Canonnade au lointain.) Ah ! pourquoi suis-je forcé de demeurer ici lorsqu'ils se battent là-bas !

LUPUS, qui s'est avancé. Tu aimes la bataille, messire, je vais te procurer ton plaisir favori !

BOIS-DAUPHIN, avec dédain. Un duel ! avec toi ?

LUPUS. Non, je ne me bats pas !...

Il fait signe aux soudards qui s'élancent l'épée haute sur Bois-Dauphin.

BOIS-DAUPHIN, qui a dégaîné, parent les coups. Ah ! ah ! un guet-apens !

LUPUS. Oui... et je t'en préviens, mes hommes sont de fines lames.

BOIS-DAUPHIN. Eh bien ! c'est ce que nous allons voir !

Il porte des bottes furieuses et blesse à mort l'un des assassins. Les trois autres reculent.

LUPUS. Les lâches, ils rompent devant lui ! Il faut donc que je me mêle de la partie... soit... (Ramassant l'épée du blessé et ralliant ses soudards.) A mort ! à mort ! (Ils attaquent Bois-Dauphin. Le combat est ardent, Bois-Dauphin rompt devant eux et s'adosse à un arbre à droite. — A demi-voix.) J'aurai raison de toi ! chien... ta main déjà est fatiguée... déjà ton épée tremble...

Les deux gardes, attirés par le bruit, paraissent au seuil de la tente royale.

PREMIER GARDE. Laisserons-nous donc assassiner un officier du roi de Navarre !.. Allons ! l'épée au poing, camarade !

Le combat continue. — Les deux gardes et les trois soudards disparaissent par le fond en ferraillant. Lupus et Bois-Dauphin restent seuls en scène.

BOIS-DAUPHIN, son épée se brise. Sang-Dieu !... mon épée est brisée...

LUPUS, se jetant sur lui, sa dague levée. Meurs donc !...

Bois-Dauphin et Lupus luttent un instant, puis Bois-Dauphin saisit le tronçon de son épée et à coups de pommeau assomme Lupus qui, hurlant de rage, lâche prise et roule sur le sol.

A ce moment, Marsiane paraît, effarée ; Jacques Clément paraît de l'autre côté. Il s'avance sans bruit, s'assure que les gardes ont quitté leur poste, tire un couteau de dessous son manteau et pénètre dans la tente du roi.

SCÈNE XII

LES MÊMES, MARSIANE, JACQUES CLÉMENT.

Marsiane s'élance comme une folle et tombe à genoux.

LUPUS. Ma mère... je meurs... tué par lui.

Il meurt.

MARSIANE. Le seul être qui me restât, que je pusse encore aimer... c'est toi qui me le prends... oh ! mais tu subiras le châtiment de ton crime...

BOIS-DAUPHIN. Je me suis défendu et je n'ai rien à me reprocher...

SCÈNE XIII

LES MÊMES, HENRI III, LE SIRE DE LOIGNAC, OFFICIERS, SOLDATS, GENTILSHOMMES, puis **PSYCHÉ.**

LE SIRE DE LOIGNAC. Du secours.... du secours.... un misérable moine vient d'assassiner le roi !...

Grande rumeur. Le théâtre se remplit de monde. Les soldats accourent, la tente royale s'ouvre de tous les côtés et l'on aperçoit le roi blessé à mort, étendu sur un lit de camp. Jacques Clément est renversé par les soldats qui ont l'épée levée sur lui. Marsiane étouffe un cri d'effarement et recule chancelante.

HENRI III. Je meurs !!!

MARSIANE, d'une voix sourde au milieu de la scène. Lui, aussi !... mort, mort par ma faute !

HENRI III, agonisant. Seigneur Dieu !... si tu connais que ma vie soit utile et profitable à mon peuple, conserve-moi et prolonge mes jours, sinon, prends mon corps et sauve mon âme ! ah ! c'est fini !... fini !...

Tout le monde pleure. — Psyché paraît par la gauche, premier plan, enveloppée dans un manteau.

PSYCHÉ, bas à Bois-Dauphin. Adieu !... adieu !...

BOIS-DAUPHIN, bas. Psyché ! plus que jamais il faut fuir. Celui que nous avons à redouter, ce n'est plus le prince de Béarn, c'est Henri IV, roi de France.

Il lui montre le roi mort. Elle pousse un cri. — Tableau général.

ACTE QUATRIÈME

La scène se passe dans le Béarn. — Grande salle basse. — Portes latérales. — Grande porte au fond donnant sur la campagne. — A gauche, une haute cheminée avec un grand feu. — Bahut, table bancs. — Près de la cheminée, un grand fauteuil.

SCÈNE PREMIÈRE

ARTABAN, LE GRAND PALOT, MARION, AURORE, PAYSANS, PAYSANNES.

L'orchestre a exécuté l'ouverture de la chasse du Jeune Henri.

Au lever du rideau, Artaban en grand costume, cuirasse, épée, est assis à droite. Autour du soldat, les paysans, les paysannes sont diversement groupés. Aurore est à gauche auprès du Palot. — Tous en habits de fête.

ARTABAN, avec une fierté naïve, s'étalant. Allez, allez, regardez, voici qui vous représente Artaban, un pur enfant de la Gascogne, un compatriote, mordi !.. présentement garde de Sa Majesté Henri IV... et, si vous le voulez bien, son ami, par la même occasion...

MARION, émerveillée. Son ami !...

AURORE, que Palot veut empêcher d'écouter et d'entendre. Eh !... laisse-moi donc voir... Grand Palot..

LE GRAND PALOT. Aurore ! Aurore ! contemplez de loin, je vous en prie !

ARTABAN. Qu'est-ce à dire, tu empêches cette belle enfant de m'approcher... venez, venez, gentille Aurore... nous sommes de vieilles connaissances. Quand j'ai quitté le pays... vous étiez toute petiote, et je vous faisais danser sur mes genoux !.. (A Marion.) Vous rappelez-vous, maman Bridelou ?

MARION. Ce brave Artaban... Il y a bientôt dix années, sandis... que tu as quitté le pays.

ARTABAN. A peu près... Et tout le monde est content ?... (A Aurore.) Le papa Bridelou va bien ?... Et le moulin ?... Et Trois-Écus ?... la vieille bourrique ?...

AURORE. Tout se porte à merveille, monsieur Artaban.

LE GRAND PALOT, s'avançant. Quant à moi, je vais assez bien, je vous remercie...

ARTABAN. Ce Grand Palot ! il n'a pas changé avec sa figure rouge... il a toujours l'air aussi bête. Et c'est là ton promis, Aurore ?

AURORE, soupirant. Oui, monsieur le soldat.

ARTABAN. Mordioux ! Il a plus de chance qu'il ne mérite...

LE GRAND PALOT. Ah ! mais, il m'agace, l'homme à la cuirasse !...

MARION. Alors, comme ça, vous êtes revenu au pays Béarnais avec notre bon roi Henriot !

ARTABAN. Sans compter que le cher sire doit être bien content de se retrouver dans nos montagnes !...

AURORE. Et tout le monde est joliment content aussi !

ARTABAN. C'est vrai ! Depuis son arrivée, toute la Gascogne est en fête... Dans Nérac, on ne peut plus passer dans les rues. Aujourd'hui Henriot chasse dans cette vieille forêt... Eh bien ! on a pavoisé les arbres, enguirlandé les rochers...

MARION. Raconte donc ce qu'il a fait, ce cher enfant, pour en arriver à être le plus grand roi du monde !

TOUS. Oui, oui ! qu'est-ce qu'il a fait ?

ARTABAN. Ce qu'il a fait ? des merveilles !... voilà tout.

AURORE, enthousiasmée. Des merveilles ! (Au Grand Palot.) Ce n'est pas toi qui ferais de ces choses-là !

LE GRAND PALOT. Ce n'est pas mon métier... Je suis garçon meunier !

ARTABAN. Ah ! il en a gagné de ces batailles !.. Il en a remporté de ces victoires. Après avoir repris Paris aux Ligueurs, à Ivry, nous n'étions qu'une poignée de braves; alors, il nous a dit : « Si vous perdez vos enseignes, ne perdez pas de vue mon panache blanc....

LE GRAND PALOT, achevant. « Vous le trouverez toujours au chemin de l'honneur et de la Victoire ! » Connu.

AURORE. Ce n'est pas toi, Palot, qui dirais ça.

LE GRAND PALOT, vexé. Je le dirais aussi bien qu'un autre... le tout, c'est d'avoir un panache blanc ! si j'avais un panache blanc, mais je n'ai pas de panache blanc.

Fanfares.

AURORE. Ah ! voilà la chasse de notre bon roi qui passe dans le fin fond de la forêt.

Mouvement général, Aurore va s'élancer vers le fond.

LE GRAND PALOT, la retenant. Aurore !... Je vous défends de regarder ces choses-là.

AURORE. Je veux voir notre bon roi !

LE GRAND PALOT. Aurore... songez que nous allons nous marier dans quelques jours...

Les fanfares éclatent plus sonores.

AURORE. Écoute, Palot, voici les cornes qui sonnent maintenant à deux pas de nous...

LE GRAND PALOT. Je lui parle mariage et elle me répond cornes. Faut-il qu'un homme soit malheureux !

ARTABAN, au fond, avec les autres paysans. Mordi ! les enfants, voici la chasse qui prend l'avenue de traverse... courez... courez tous... Vive le roi !...

TOUS. Vive le roi !... vive le roi !...

Tous sortent par la gauche. Aurore va la suivre. Le grand Palot lui prend le bras et l'entraîne à droite.

SCÈNE II

HENRI IV, BOIS-DAUPHIN.

Venant de droite, paraît Henri IV en grossier costume de chasse. — Ses vêtements sont déchirés, poussiéreux. Derrière lui paraît Bois-Dauphin, plus élégant. — Henri IV a maintenant la barbe grisonnante.

HENRI IV. Es-tu sûr, Henri, que personne ne m'a vu pénétrer dans ce moulin et qu'ils ne me courent pas après ?

BOIS-DAUPHIN. J'en suis certain, sire, personne ne s'est aperçu de notre fuite.

HENRI IV, avec joie. Enfin, je ne suis donc plus forcé d'être roi et je puis être heureux à mon aise !

BOIS-DAUPHIN. Votre bonheur fait plaisir à voir !

HENRI IV. Ah ! c'est que tu ne sais pas la fièvre qui s'empare de moi, lorsque je remets le pied en ce pays bien-aimé ! Chaque grain de sable me rappelle une joie... chaque brin d'herbe me rappelle un amour.... Raille si tu veux, Henri. Mais en parcourant ces sentiers, il me semble que les pervenches du chemin me redisent tout bas le nom de quelque fillette adorée... Il me semble que les oiselets en gazouillant répètent à l'infini les baisers éteints depuis longtemps ! Oh ! mes bois de Nérac... vous qui m'avez vu enfant, qui m'avez vu jeune homme... témoins de mes escapades et de mes amours... je vous contemple... je vous salue... et je vous aime. Quelle triomphante idée tu as eue là, mon fils, de songer à entreprendre ce voyage !

BOIS-DAUPHIN. Élevé comme vous, sire, à l'école du hasard et de la liberté, je me sentais à l'étroit dans votre Louvre !

HENRI IV. Fort bien ; mais pourquoi, je te prie, as-tu choisi, pour respirer sans gêne, le vieux pays Béarnais ?

BOIS-DAUPHIN, avec une certaine hésitation. Mon Dieu... sire... je songeais au Béarn... à cause de Votre Majesté...

HENRI IV. Ah ! c'est à caus- de.....

BOIS-DAUPHIN. Je savais que vous seriez heureux de revoir votre pays natal et c'est pour cela que...

HENRI IV. C'est juste !... c'est juste... je comprends... (A part.) Il ment !..... qui diantre l'attire ici ?...

BOIS-DAUPHIN, à part. S'il savait qu'en ce pays, en cette maison se trouve celle qu'il aime encore...

HENRI IV, haut. Quand tu auras fini de causer tout seul ?...

BOIS-DAUPHIN. J'attendais que Votre Majesté eût elle-même terminé...

HENRI IV. C'est vrai... j'avais avec moi-même une petite conversation. (Il fixe un instant Bois-Dauphin, puis changeant de ton.) Au reste, si c'est quelque aventure galante qui t'amène en ce pays, mon fils..... je m'en réjouis pour toi ! mordi ! c'est de ton âge... Moi, vois-tu..... je ne veux plus, pour mon propre compte, m'occuper de ces choses là.....

BOIS-DAUPHIN, se rapprochant avec satisfaction. Vraiment... sire...

HENRI IV. Il n'appartient aux rois pas plus qu'aux barbes grises... de se laisser dominer par une femme... je veux devenir sérieux, mordi.. et je verrais là cent Navarroises...

Aurore paraît à droite.

AURORE. Le Pâlot n'est plus là. Allons...

Elle gagne la gauche.

SCÈNE III

LES MÊMES, AURORE.

HENRI IV, apercevant Aurore. Ventre-saint-gris, l'adorable fillette !

BOIS-DAUPHIN. Eh ! bien... et ces serments de sagesse...

HENRI IV. Je te jure, mon fils, qu'elle est ravissante.

BOIS-DAUPHIN. Mais vous verriez cent Navarroises, disiez-vous.....

HENRI IV. Cent Navarroises, d'accord, mais une seule, c'est bien différent !

Il disparaît vivement à la suite d'Aurore.

SCÈNE IV

BOIS-DAUPHIN, seul.

Bénie soit l'arrivée de la petite paysanne et fasse le Ciel qu'elle éloigne le roi de ce moulin ! Depuis notre arrivée en Navarre, le roi comme par un fait exprès ne m'a pas quitté d'une minute et je ne pouvais trouver un prétexte plausible pour me rendre en cette demeure bénie qui a reçu ma Psyché ! Ah ! pourquoi m'a-t-il accompagné ?... s'il la revoit... s'il lui parle... sa passion peut renaître plus ardente qu'autrefois... Qu'adviendrait-il alors ? (Regardant vers le fond.) C'est lui ! ah ! je veux tout dire à Psyché... il ne faut pas qu'il se retrouve avec elle !

Il disparaît vivement par la droite tandis que Henri IV paraît au fond, lutinant Aurore.

SCÈNE V

HENRI IV, AURORE.

LE BÉARNAIS, s'emparant de la jeune fille. Ah ! ah ! ma gracieuse Daphné, je vous tiens enfin !...

AURORE, étonnée. Daphné !... je m'appelle Aurore, monsieur le chasseur.

HENRI IV. Aurore !... perdiou !... c'est un nom charmant et qui convient on ne peut mieux à une charmante enfant comme vous.

AURORE, ravie. Quelle jolie moustache !... (Henri IV l'embrasse sur l'épaule.) Dieu ! si le Grand Palot vous avait vu !

HENRI IV. Le Grand Palot !

AURORE. Oui !... mon prétendu.

HENRI IV, à part. Son prétendu !... c'est charmant ! me voilà un rival sur les bras.

Il prend la taille d'Aurore.

LA VOIX DE BRIDELOU. Allons donc, Grand Palot... dépêche-toi donc, paresseux !

AURORE, avec un cri. Mon père !... c'est mon père qui vient !...

Elle se débarrasse de l'étreinte du Roi et s'échappe par la droite.

SCÈNE VI

HENRI IV, BRIDELOU.

BRIDELOU, au fond, considérant Henri IV. Qu'est-ce que c'est que celui-là ?

HENRI IV. Mon cher monsieur...

BRIDELOU. Je ne m'appelle pas mon cher monsieur, mais bien Bridelou le meunier.

HENRI IV. Va pour Bridelou.

BRIDELOU, s'avançant. Attendez donc... parions que vous êtes... quelque soldat de notre roi Henriot...

HENRI IV. Ma foi, monsieur Bridelou, vous avez deviné juste, j'appartiens à notre roi Henriot...

BRIDELOU. A notre bon roi, s'il vous plaît...

HENRI IV. A notre bon roi, puisque vous y tenez...

BRIDELOU, courroucé. Comment, puisque j'y tiens ! est-ce que vous n'y tenez point, vous?...

HENRI IV. Si fait ! si fait !

BRIDELOU. Ah' çà! voyons!... une politesse en vaut une autre, je vous ai dit mon nom, dites-moi le vôtre?

HENRI IV. Mon nom?.., Nicolas pour te servir...

BRIDELOU, sévèrement. Monsieur Nicolas... est-ce que, par hasard, nous aurions gardé les pourceaux ensemble que tu te permettes de me tutoyer?...

HENRI IV. C'est juste ! Excusez-moi...

BRIDELOU. Oh! ce n'est pas que je sois fier, mais je n'admets de familiarité avec qui que ce soit, avant de savoir auparavant s'il le mérite.

HENRI IV. Et vous avez, perdiou ! cent fois raison, mon brave ! — Je ferai en sorte que quelque jour vous m'accordiez la faveur de vous tutoyer.

BRIDELOU. Oh! quand je te connaîtrai, ce sera peut-être différent !...

HENRI IV. Tout différent, je le crois...

BRIDELOU, qui s'est assis. Il y a-t-il long-temps, Nicolas, que tu es au service de notre bon roi !

HENRI IV. Très-longtemps. Je le sers pour ainsi dire depuis qu'il est au monde, et, comme lui, je suis du Béarn !

BRIDELOU. Que ne disais-tu cela tout de suite... Ah ! tu es du pays !... Eh bien, je t'invite à dîner alors... qu'est-ce que tu penses de ça, Nicolas?

HENRI IV. Je pense... je pense... que j'accepte !... Bah ! au fait... pourquoi pas...

BRIDELOU. Il y a une poitrine de veau en ragoût, un cochon de lait, une soupe aux choux, et un grand polisson de lièvre (A voix basse), que j'ai tué moi-même.

HENRI IV, réprime un mouvement, puis à part. Bah ! au fait, puisque j'en mange. Un vrai dîner de roi !...

BRIDELOU. As-tu faim, Nicolas?

HENRI IV. Une faim d'enfer !...

BRIDELOU. Tant mieux, mordious !... Tu m'as l'air d'un bon vivant, Nicolas, bois-tu sec ?

LE BÉARNAIS. Sec comme pendu.

BRIDELOU. Mon gars... en attendant le dîner, assieds-toi et chauffe-toi les pattes !...

HENRI IV, s'installant dans le fauteuil de la cheminée. Mille grâces, mon cher hôte !... Je vais me chauffer les pattes !... perdiou ! Voilà un meuble qui date au moins de Mathusalem.

BRIDELOU, sévèrement. Ne ris point, Nicolas !... ce vieux fauteuil-là, vois-tu bien, je ne le donnerais pas pour tout l'or du monde : une princesse, une reine, s'est assise dedans !

HENRI IV, étonné. Une princesse !... une reine !...

BRIDELOU. Et quelle reine !... Jeanne d'Albret; rien que ça !... la mère de notre bon roi Henriot !...

HENRI IV, se levant avec émotion. Ma mère !... (Silence.) Ma mère.

BRIDELOU, après un temps. C'était un jour qu'elle chassait dans les bois de Nérac, que la reine Jeanne est venue se reposer au moulin. Elle s'est assise dans ce fauteuil qui venait du père de mon père et, comme elle avait soif, elle a bu une pleine jatte de lait qu'on venait de traire et qui était tout chaud encore. Regarde sur le bahut, Nicolas?... Tu vois bien cette jatte à fleurs qui est placée au beau milieu... salue... salue jusqu'à terre : c'est là dedans qu'a bu la reine Jeanne ! (Henri IV va lentement vers la droite où se trouve le bahut, porte la main à son feutre et se découvre.) Il a de ça. (Il va serrer la main du roi, appelant vers le fond à droite.) Aurore !... Marion !... vite la table !... Nous avons du monde à dîner !...

Entrée de Marion et d'Aurore.

SCÈNE VII

LES MÊMES, MARION, AURORE, puis LE GRAND
PALOT et BOIS-DAUPHIN.

AURORE, apercevant Henri IV. Ah ! les moustaches de tout à l'heure.

MARION, faisant force révérences. Vous êtes le bienvenu chez nous, monsieur...

LA VOIX DE PALOT, dans la cour. Holà ! hé !... beau papa ! Holà !.. hé !.. belle maman !... V'là de la société que je vous amène !...

Entrée du Grand Palot suivi de Bois-Dauphin.

HENRI IV, avec joie. Bois-Dauphin !

BRIDELOU, les introduisant. Entrez, entrez, monsieur !... La maison du paysan béarnais est ouverte à tous les honnêtes gens!

BOIS-DAUPHIN. Merci du compliment, mon cher monsieur; j'en serai digne !... Le roi !.., encore ici ! Je m'en doutais... Il faut qu'il parte ! (Allant au roi.) Sire !...

HENRI IV, vivement, à voix basse. Silence ! je me nomme Nicolas, rien de plus !...

BRIDELOU, s'approchant. Vous vous connaissez?

HENRI IV. Mon cher hôte, je vous présente mon officier, un ami dévoué de votre bien-aimé Henri de Navarre.

BRIDELOU. De notre !...

HENRI IV. C'est juste : De notre...

LE GRAND PALOT, à lui-même, regardant Henri IV de travers. Mais !,..., qui diantre est-ce que cet étranger-là ? Je ne l'avais point vu !... il me déplaît avec sa moustache en l'air, on dirait d'un chat !

BRIDELOU. Arnibiou ! Je ne m'attendais point ce soir à dîner en pareille société ! A nous six, nous allons faire juste la demi-douzaine.

BOIS-DAUPHIN, à part. A nous six! Psyché n'est-elle donc plus au moulin?

BRIDELOU. Si nous ne sommes que six en nous mettant à table, je vous préviens à l'avance, mes hôtes, que nous serons sept au dessert. En sus de cette petite réjouie que vous voyez là, je possède une autre fille que j'aime quasiment autant que celle-ci, bien qu'elle ne soit que mon enfant d'adoption.

HENRI IV, qui lutine Aurore. Ah ! ah !... mon cher Bridelou, vous avez une seconde fille !

BRIDELOU. La plus jolie batelière de la Baïse !... sans compter que, bien jeune encore, elle a déjà vu bien des choses et qu'elle en sait plus long que moi et peut-être bien que toi itou, Nicolas. Mais nous causerons de tout cela plus tard. Occupons-nous présentement de la mangeaille... je crève de faim, moi d'abord !...

HENRI IV. Et moi donc !... Mes dents sont longues à embrocher un âne !...

LE GRAND PALOT, effrayé. Un âne !...

HENRI IV, riant. Rassurez-vous, monsieur Pâlot, ce n'est pas de vous qu'il s'agit.

BRIDELOU, à Pâlot. Allons, va au cellier, et remonte un plein broc de vin nouveau. Une petite blanquette de Limoux que je vous recommande !...

LE GRAND PALOT, à part. Nicolas va se griser avec ce vin-là, bien sûr !... Une fois gris, il sera encore plus cotillonneux !...

Il disparaît.

BRIDELOU. Allons, va donc, va donc ! Nous autres, avançons un peu la table près du feu : j'aime à avoir chaud quand je mange ! (Empoignant rudement Henri IV par le bras.) Ah çà ! dis donc, Nicolas le paresseux !... est-ce que tu te moques du qu'en dira-t-on?... Veux-tu bien vite faire ton ouvrage!

BOIS-DAUPHIN, vivement. Monsieur Bridelou !...

HENRI IV, riant aux éclats, à voix basse. Laisse-le donc faire ! l'aventure est bien plus bouffonne ainsi !...

BOIS-DAUPHIN. Mais...

HENRI IV, toujours à voix basse. Ne me découvre pas, te dis-je, ici je suis heureux !...

BOIS-DAUPHIN. Comme un roi?...

HENRI IV. Comme un paysan : cela vaut mieux !...

BRIDELOU, à Henri IV. Allons! allons donc !

Il aide Bridelou à porter la table près de la cheminée.

MARION, apportant une soupière de soupe. V'là la soupe !...

AURORE. V'là le civet !

LE GRAND PALOT. V'là la blanquette !.....

Apercevant le roi qui embrasse Aurore.

Il l'embrasse !... avant même d'avoir bu de la blanquette !...

BRIDELOU, s'asseyant majestueusement sur le vieux fauteuil. Allons ! boutons-nous à table, je vous prie !... monsieur l'officier, à vous la grande chaise; la place d'honneur vous revient de droit !...

Tout le monde se place. Bridelou à gauche, Bois-Dauphin au milieu. Marion à sa droite, Aurore à sa gauche. Le Pâlot à côté d'Aurore. Seul, Henri IV n'a pas de place.

HENRI IV, riant. Eh bien ! et moi?

BRIDELOU. Toi, Nicolas, mets-toi là, entre Aurore et le grand Pâlot.

Henri IV prend la place du Pâlot qui s'assied sur un petit escabeau et tourne le dos au public.

LE GRAND PALOT, à lui-même. Entre nous deux !... Il ne manquait plus que ça !...

HENRI IV. Ventre-saint-gris !... voilà une admirable soupe aux choux, et vous êtes, ma chère madame Bridelou, une merveilleuse cuisinière !...

Madame Bridelou flattée s'incline. Henri IV embrasse Aurore.

LE GRAND PALOT. C'est pas la peine d'embrasser Aurore, puisque c'est belle-maman qui a fait la soupe !

BRIDELOU. Le fait est que c'est quelque chose de tapé !.. et notre bon Henriot, tout roi qu'il est, se pourlécherait un peu bien les babines si ses ministres savaient lui fabriquer de cette cuisine-là !

HENRI IV, versant à sa voisine. Perdiou !.. il faut, mademoiselle Aurore, que je sache si vous avez le vin gai : je vais vous griser un peu !...

LE GRAND PALOT. Griser ma femme !...

BRIDELOU, se levant. Silence ! là bas. (Après avoir rempli son verre.) Messieurs, je bois à la santé de notre bon roi Henriot.

TOUS. A la santé d'Henriot !

HENRI IV, au Grand Pâlot. On dirait que vous n'avez pas trinqué ?

LE GRAND PALOT, brusquement. Je ne bois qu'à la santé de ceux-là qui ne me déplaisent point !

HENRI IV, à part. Ah! ah! le revers de la médaille! Il n'est pas royaliste, celui-là !

BRIDELOU, se retournant courroucé vers le Pâlot. Vois-tu bien, Pâlot, si tu n'étais point mon futur gendre, je te ferais partager mon opinion à grandissimes coups de sabot..... ah ! mais oui !...

HENRI IV, à part. Brave homme !... Je voudrais l'embrasser !...

Il embrasse Aurore. Le Pâlot veut se récrier, mais Bridelou continue avec force.

BRIDELOU. Un bon roi !... mais c'est rare comme le loup blanc !... faut point le déchirer quand on l'a !... Il y a bien longtemps que je ne l'ai vu, mais, je parierais, Nicolas, que je le reconnaîtrai entre mille et à première vue, encore !

LE GRAND PALOT, parlant la bouche pleine. C'est égal, beau papa, cela n'empêche pas votre Henri d'être un gros impudique.

BRIDELOU, se levant. Pâlot !... je t'ordonne de te taire et de songer que celui dont tu parles est un brave gars de monarque qui songe avant tout à ses sujets.

LE GRAND PALOT. Et surtout à ses sujettes !...

BRIDELOU. Oublies-tu donc que pas plus tard qu'il y a un mois, le roi Henri a dit qu'il voulait que chacun de ses sujets mange la poule au pot le dimanche ?

LE GRAND PALOT, riant. C'est vrai, il la leur accorde la poule au pot, à la condition que chacun d'eux aura de quoi... s'acheter un pot... et une poule...

HENRI IV, faisant la grimace, à part. Perdiou !... le drôle est beaucoup moins bête qu'il n'en a l'air !... La nuit est venue.

BOIS-DAUPHIN, se levant. Il se fait tard et nous devons sur l'heure prendre congé de vous !...

LE GRAND PALOT, joyeux, à part. Ils s'en vont ! tant mieux !..

BRIDELOU, qui s'est levé. Partir !... Non pas, vraiment... je vous ai et je vous garde.

BOIS-DAUPHIN. Impossible !... (Bas, à Henri IV.) Venez, venez, sire !... vous ne pouvez rester plus longtemps et déjà votre suite doit être dans la plus grande anxiété !...

AURORE. Comment !... vous nous quittez !...

HENRI IV. Ma foi, non... je ne vous quitte pas, mes chers hôtes ! (Bas à Bois-Dauphin.) Bast ! je puis bien, une fois par hasard, oublier tout un jour que je suis roi. Toutefois, si tu penses que ta présence soit utile au château, pars et va rassurer notre monde.

BOIS-DAUPHIN. Vous laisser seul ! jamais, sire !...

HENRI IV. En ce cas, passons la nuit ici et n'en parlons plus ! (Prenant la main du meunier.) Mon cher Bridelou, nous sommes tout à vous jusqu'à demain !

LE GRAND PALOT, à part. Ils restent !... Tant pis !...

HENRI IV. Oui, nous restons, mais à une condition...

BRIDELOU, AURORE ET MARION. Adoptée d'avance !

HENRI IV. C'est que M. Bridelou nous chantera quelque joyeux refrain qui me permette de danser une bourrée avec la gentille Aurore.

AURORE. La bourrée !... je ne l'ai jamais dansée !...

HENRI IV. C'est une danse charmante, ma chère, qui nous vient de l'Auvergne. La grand'mère de votre bon roi Henriot l'a mise à la mode à la cour de France. Et si vous voulez savoir pourquoi, ma gentille Aurore, c'est que cette bonne reine de Navarre, qui faisait les plus jolis contes du monde, possédait les plus belles jambes qui se pussent voir !... or, comme la bourrée ne peut se danser qu'avec des cotillons courts, la reine Marguerite avait choisi la bourrée à seule fin de faire admirer ses mollets ! (Jetant un coup d'œil sur les jambes d'Aurore.) Soyez certaine que vous avez toutes les qualités requises pour vous livrer à cette danse-là !

AURORE, joyeusement. Va pour la bourrée !

BRIDELOU. Mathurin, prends ta musette. Allons, les enfants ! dansez, moi je chante.

MARION, à Pâlot. A nous deux, mon gendre !...

Elle se saisit de lui, les deux couples se mettent à danser.

LE GRAND PALOT, à part. Danser avec sa belle-mère !... faut-il qu'un homme soit malheureux !...

BRIDELOU, chantant.

Vive Henri Quatre ! Vive ce roi vaillant !
Ce diable à quatre a le triple talent
De boire et de battre et d'être un vert galant !

SCÈNE VIII

LES MÊMES, PSYCHÉ.

La porte s'est ouverte, Psyché a paru. Elle a repris ses vêtements béarnais.

BOIS-DAUPHIN, s'élançant d'un bond jusqu'à elle. Psyché !... Psyché étouffe un cri. Moment de silence. — Psyché redresse la tête et tend la main à Bois-Dauphin. Cette main, Henri IV la saisit.

HENRI IV. Elle !

PSYCHÉ. Le roi !

HENRI IV. Silence, je vous en prie !... Personne ne me connaît ici, ne me trahissez pas !...

BRIDELOU. Ah çà ! vous connaissez donc la petiote ?

HENRI IV. Je le crois bien, mordiou !... cette chère payse !... ventre saint-gris !... je suis aise de la trouver dans cette heureuse maison !

BOIS-DAUPHIN, qui, d'un œil anxieux, a considéré le roi. Ah ! ce que je craignais est arrivé !... sa passion n'était qu'assoupie !...

AURORE, à mi-voix, regardant Henri IV. Comme il regarde Psyché !... Il ne songe plus à moi !...

LE GRAND PALOT, bas à Aurore. C'est bien fait !...

AURORE, bas. Tu as raison, Palot, et c'est moi qui ai eu tort !... Les moustaches, vois-tu !... je ne m'y fierai plus !... (Lui tendant la main) Palot, je ne danserai plus la bourrée qu'avec toi !...

LE GRAND PALOT, radieux. Et je ne danserai plus avec belle-maman ! — Ah ! je suis le plus fortuné des Navarrois !..

MARION. Allons ! que la sauterie recommence !

HENRI IV. Belle Psyché, permettez, je vous prie, que je sois votre cavalier !...

BOIS-DAUPHIN. Pardon, mon cher Nicolas, mais mademoiselle Psyché m'a promis déjà !...

Il lui prend la main.

PSYCHÉ, baissant les yeux. J'ai promis !...

HENRI IV. Cependant ...

BRIDELOU, lui donnant une forte bourrade. Arnibiou !... Nicolas !... tu oses aller sur les brisées de ton officier !... Qu'est-ce qui m'a bâti un soldat de la trempe !...

HENRI IV, à part. Qu'est-ce que cela signifie ?... je le saurai !... (Il est allé à Aurore. Haut.) Aurore, je réclame votre main...

LE GRAND PALOT, prenant la main d'Aurore, et cherchant à imiter les façons de Bois-Dauphin. Pardon, mon cher Nicolas... mais mamzelle Au-rore m'a promis déjà.

AURORE. J'ai promis !...

HENRI IV, éclatant de rire. Bien joué, mordiou !... c'est de bonne guerre ! (A part.) Mais il ne sera pas dit que je n'aurai pas eu de danseuse. (Il va à la mère Bridelou. Haut.) Ma bonne madame Bridelou, j'ai l'honneur de vous prier de danser avec moi !

MARION. Comment donc, monsieur Nicolas, mais avec un très-grand plaisir !...

HENRI IV, à part. Au fait, la mère de famille, c'est la reine de la maison !...

LE GRAND PALOT, avec une joie féroce. Il danse avec ma belle-mère : je suis vengé !...

La danse reprend.

HENRI IV, bas à Bois-Dauphin. Henri, je t'enjoins de changer de danseuse avec moi !... je veux parler à Psyché !... je le veux !... tu entends.

BOIS-DAUPHIN, sans répondre, tenant son regard sur Psyché, chante.

Si le roi m'avait donné
    Paris sa grand'ville,
Et qu'il me fallût quitter
    L'amour de ma mie,
Je dirais au roi Henri :
« Reprenez votre Paris :
    J'aime mieux ma mie,
        O gai !
    J'aime mieux ma mie ! »

Sur la reprise du chœur on danse.

PSYCHÉ, pressant la main de Bois-Dauphin. Merci !... merci !... Henri !...

HENRI IV, à part. L'aimerait-il ?

La danse a cessé.

BRIDELOU, qui a quitté son fauteuil. Sur ce... puisque le bal est fini, un dernier coup en l'honneur de notre bon roi Henriot !...

Palot remplit les gobelets, on trinque.

TOUS. A la santé d'Henriot !...

HENRI IV, s'oubliant. Merci, merci, mes amis !...

BRIDELOU, éclatant de rire. Eh bien !... en l'honneur de quel saint tes remerciments, Nicolas ?... Allons, tu es ivre.., tais-toi et va ronfler !...

LE GRAND PALOT, qui s'est installé dans le grand fauteuil. Va ronfler, Nicolas !...

BRIDELOU, à Bois-Dauphin. Monsieur l'officier... si vous voulez me suivre, je vais vous montrer votre gîte ! — Marche derrière nous, Nicolas, et ne dors pas en route !

HENRI IV. Soyez sans crainte. Ma chère madame Bridelou... mesdemoiselles...

MARION. Bonne nuit, messieurs !...

TOUS. Bonne nuit !...

HENRI IV, à lui-même. Ah ! Bois-Dauphin, je saurai ce qui t'attire ici !

Il sort à la suite de Bois-Dauphin et de Bridelou qui s'est muni d'une lanterne.

SCÈNE IX

PSYCHÉ, AURORE, MARION et LE GRAND PALOT, puis JACQUINET.

LE GRAND PALOT. Enfin !... il s'en va coucher !... à présent, je suis tranquille.

On frappe au fond.

MARION. Qui frappe là ?

AURORE, court à la porte qu'elle ouvre. Qui est là ?

UNE VOIX D'ENFANT. C'est moi : Jacquinet.

LE GRAND PALOT. Jacquinet, le petit pastour au vieux Job.

PSYCHÉ. Le compagnon de mon père adoptif !

MARION. Entre, entre.

JACQUINET. En cet instant, le pauvre père Job est en train de trépasser et il m'envoie vous quérir.

PSYCHÉ. Je pars avec toi, Jacquinet.

Elle jette une mante sur ses épaules, puis se dirige vers la porte.

MARION. Le Palot et moi, nous allons t'accompagner, ma fille !

JACQUINET. Le père Job ne veut voir que mamzelle Psyché... il veut lui parler à elle seule !... le père Job dit comme ça qu'il s'agit d'un grand secret.

PSYCHÉ ET LES AUTRES. Un grand secret !...

MARION. Obéis, ma fille !... il le faut,.. tu le dois !...

PSYCHÉ, serrant les mains d'Aurore et de madame Bridelou. A bientôt, mes amis, à bientôt !...

Elle s'élance hors de la salle basse.

LE GRAND PALOT. Eh bien ! ma foi, j'aime autant ne pas être du voyage !... la nuit on ne sait pas ce qui peut arriver !

Le rideau tombe.

ACTE CINQUIÈME

LES AMOURS DE HENRI DE FRANCE

Le théâtre représente la grande cour du moulin. — A gauche, un corps de logis, au premier étage, une chambre dont l'intérieur est visible au public. On arrive à cette chambre par un escalier rustique. — Ameublement grossier : un lit, une fenêtre qui donne passage aux rayons de la lune. — Dans la cour, à droite, troisième plan, une fontaine en ruines, enfouie sous le lierre et les plantes grimpantes, et dont les eaux qui se perdent à droite, font marcher le moulin, qu'on aperçoit au dernier plan. A l'extrême lointain les montagnes du Béarn. — La lune éclaire ce tableau.

SCÈNE PREMIÈRE

HENRI IV, BOIS-DAUPHIN, BRIDELOU, LE GRAND PALOT.

Ils arrivent par la droite.

HENRI IV. Perdiou, voilà une vraie nuit de Béarn, et il ferait bon de coucher en plein air !

BRIDELOU. Qu'à cela ne tienne, Nicolas, tu vas être satisfait ! (Se faisant un porte-voix de ses mains.) Eh ! le Palot; apporte dar dar la botte de paille que je t'ai demandée.

BOIS-DAUPHIN. Une botte de paille ! (Le Grand Palot entre enseveli sous la botte de paille.)

LE GRAND PALOT. Voilà, beau-père.

BRIDELOU, indiquant la droite, premier plan. Étends-moi ça là-bas, sous l'auvent. (Le Palot obéit.) C'est là que tu coucheras, Nicolas !

HENRI IV, enchanté. Parfait.

BRIDELOU, à Bois-Dauphin. Quant à vous, mon officier, le Palot vous prêtera sa chambre. (Il est allé à l'escalier de bois, le gravit et ouvre la porte de la chambre.) Voilà, mon gentilhomme, votre domicile pour cette nuit.

BOIS-DAUPHIN, vivement. Mon cher monsieur Bridelou, je préfère que Nicolas me cède sa botte de paille, je lui abandonne la chambre en toute propriété.

BRIDELOU, se récriant. A lui ! Arnibiou ! Il ferait beau voir que le soldat fût mieux couché que l'officier. Ce qui est dit est dit.

HENRI IV. M. Bridelou a raison. Cette place est la mienne, et je veux y rester, je le veux !

BOIS-DAUPHIN, s'inclinant. Soit ! j'obéis.

BRIDELOU, riant. Le soldat dit : « Je veux. » L'officier dit : « J'obéis. » Ils sont gris tous les deux ! (Apercevant le Grand Palot qui se tient devant lui sans souffler mot et se grattant l'oreille.) Eh bien ! qu'est-ce que tu as, toi ?

LE GRAND PALOT. J'ai... j'ai... que si l'officier couche dans ma chambre, je ne sais pas ousque je coucherai, moi !...

BRIDELOU. Tiens, c'est vrai, ousqu'il couchera, lui ? J'y suis !... dans l'écurie.

LE GRAND PALOT, sursautant. Dans l'écurie !...

BRIDELOU. Oui, auprès de l'âne !... Allons, bien ! le bonsoir tout le monde, je vais dormir, moi !

HENRI IV. Cher monsieur Bridelou, bonne nuit !

LE GRAND PALOT, gémissant. Auprès de l'âne !

Il sort avec Bridelou, par le fond, à gauche. — Bois-Dauphin monte le petit escalier et entre dans la chambre. — Henri IV s'étend sur la paille. — Un grand silence. — Musique. — Les deux Henri commencent à sommeiller.

SCÈNE II

LES MÊMES, MARSIANE, puis RAVAILLAC, puis PSYCHÉ et JACQUINET.

A peine Henri IV et Bois-Dauphin sont-ils endormis qu'on voit paraître par la gauche Marsiane la devineresse. Elle a quitté son riche costume des actes précédents. — Elle est en haillons et ses cheveux ont blanchi.

MARSIANE, s'approchant à bas bruit du pavillon où repose Bois-Dauphin. Henri de Bois-Dauphin, Lupus, mon enfant d'adoption, est tombé sous tes coups et j'ai juré sur son cadavre de punir son meurtrier !... Réfugiée en ces montagnes, j'oubliais mon serment... Le destin te rend à ma haine... Il veut que je tienne mon serment, je le tiendrai.

Elle tire un poignard de dessous ses haillons et commence à gravir l'escalier qui mène à la chambre de Bois-Dauphin. — A ce moment, Ravaillac sort mystérieusement du massif d'arbres qui entoure la fontaine.

RAVAILLAC, les yeux fixés sur Henri IV endormi. Henri de Navarre ! à Ravaillac enfant, une prédiction a été faite !... L'enfant est devenu homme !... La prédiction va s'accomplir.

Il fait un pas vers le roi, en même temps que Marsiane se dispose à ouvrir la porte de la chambre. Mais tous deux demeurent immobiles en entendant au dehors la voix de Jacquinet.

JACQUINET, au fond à droite, paraissant avec Psyché. Vous v'là rentrée au moulin, mamzelle, je puis m'en retourner maintenant.

Ravaillac disparaît précipitamment par la droite. — Marsiane s'éloigne par le fond, à gauche.

PSYCHÉ. Adieu !... adieu !... Jacquinet...

Elle l'embrasse au front.

JACQUINET. Allons, je vais veiller le pauvre père Job, en attendant qu'on vienne le chercher pour le jeter dans le grand trou.

Il disparaît par le fond, à droite.

SCÈNE III

HENRI IV, PSYCHÉ, BOIS-DAUPHIN, dans la chambre.

HENRI IV, qui s'est réveillé à l'arrivée de Psyché. Psyché ! elle ici !... au milieu de la nuit et seule avec moi !

Psyché pensive s'avance lentement du côté d'Henri IV.

PSYCHÉ, *d'une voix émue, sans voir Henri IV.* Henri de Navarre!

HENRI IV, *radieux.* Mon nom! c'est mon nom qu'elle pro-nonce!

PSYCHÉ, *toujours à ses pensées.* Le roi, le roi de France!

HENRI IV, *venant s'agenouiller devant la jeune fille.* Le roi de France est à tes pieds, ma belle!

PSYCHÉ, *balbutiant.* Votre Majesté ici!...

HENRI IV, *s'avançant.* Oui, chère petite, Ma Majesté, qui ne songe qu'à toi, et qui donnerait avec joie les années qu'il lui reste à vivre pour une seule parole d'espoir, pour un seul mot d'amour.

Ici, Bois-Dauphin se réveillant, saute à bas de son lit et prête l'oreille.

PSYCHÉ, *avec épouvante.* De l'amour, de l'amour! oh! taisez-vous, sire; taisez-vous. Que Votre Majesté ne prononce plus semblables paroles. Ce serait pour vous, sire, un trop grand remords, une trop lourde honte de me les avoir adressées.

HENRI IV, *poursuivant avec chaleur.* Que dis-tu, ma gentille Psyché? Allons! ma mie, plus de ces craintes d'enfant, de ces terreurs insensées!... Je t'aime, entends-tu bien! je t'aime en vérité comme de ma vie je n'ai aimé!

PSYCHÉ, *suppliante.* Sire, au nom du ciel! Sire, taisez-vous!

HENRI IV. Et pourquoi, ma belle?...

PSYCHÉ, *d'une voix haletante.* Pourquoi? Vous demandez pourquoi, sire?...

Se délivrant brusquement de l'étreinte de Henri IV.

Non, non, non je ne puis vous le dire!... J'ai fait le ser-ment de me taire!... et celui qui l'a reçu n'est plus de ce monde! Ne m'interrogez pas, sire, et laissez-moi rentrer li-brement sous le toit de ma famille d'adoption.

Elle fait quelques pas vers le fond.

HENRI IV, *se plaçant devant elle.* Te laisser libre, as-tu dit, Psyché, perdiou, tu ne me connais guère! Pour tout le reste, le meilleur homme du monde, le plus bénin des rois, je suis intraitable en matière d'amour. *(Au fur et à mesure que le roi parle, Psyché recule épouvantée; le roi la suit pas à pas.)* Tu seras à moi, Psyché, tu seras à moi, te dis-je, et tu as beau résister et me fuir, je t'atteindrai, ma mie, et le ferai de mes bras amou-reux, un lieu dont rien ne pourrait te délivrer!

Aux derniers mots du roi, Bois-Dauphin très-pâle a paru au seuil de la chambre.

PSYCHÉ, *s'arrachant des bras de Henri IV et courant à Bois-Dauphin.* Ah!

HENRI IV, *d'un ton bref.* Qui vous a appelé, monsieur?

BOIS-DAUPHIN, *sans parler, descend lentement les marches et vient s'agenouiller devant Henri IV.*

HENRI IV. Vous, à mes pieds, Henri!... de quelle faute avez-vous donc à me demander grâce?

BOIS-DAUPHIN. D'une faute impardonnable à vos yeux, sire!

HENRI IV, *maîtrisant son impatience.* Parlez!... parlez donc!

BOIS-DAUPHIN. J'aime Psyché, sire!... je l'aime plus que ma vie, et quoiqu'il puisse advenir, je l'aimerai toujours!

PSYCHÉ. Sire! j'ai juré jadis d'être son épouse. Ce serment je dois le tenir, je le tiendrai [...].

HENRI IV, *avec rage.* Elle l'aime!... Elle l'aime!... *(Impé-rieux.)* Henri, vous renoncerez à cette femme!

BOIS-DAUPHIN, *avec une respectueuse énergie, se levant.* C'est impossible, sire!

PSYCHÉ, *saisissant la main de Henri de Bois-Dauphin.* L'un sans l'autre, nous ne saurions vivre!

BOIS-DAUPHIN. L'un sans l'autre, nous ne saurions être heureux!

HENRI IV, *avec emportement.* Eh! monsieur, quand il s'agit du bonheur d'une femme, quel autre, mieux qu'un roi, peut se charger de ce soin?

BOIS-DAUPHIN. L'amour d'un roi ne donne pas le bon-heur!... c'est le chagrin toujours, et parfois, c'est la mort qu'il apporte.

HENRI IV. Taisez-vous, monsieur!

BOIS-DAUPHIN. Je dois parler, sire; et dussé-je encourir la colère de Votre Majesté, je parlerai!... Vous avez dit de-vant cette enfant que la femme aimée d'un roi pouvait seule être heureuse!... Qu'elle apprenne de ma bouche la destinée des maîtresses de Henri de France, et qu'elle juge!...

Henri IV, exaspéré veut imposer silence à Bois-Dauphin, Psyché fait un geste suppliant comme pour l'empêcher de parler.

BOIS-DAUPHIN, *continue.* Aimées un jour, deshonorées et délaissées!... telle est leur histoire! Leur nom, les voulez-vous? La jeune et pure Tignonville... la belle Charlotte de Sauves... Au printemps de sa vie, poignardée par l'époux qu'elle avait outragé...*(Mouvement de Henri IV. Bois-Dauphin poursuit.)* Dayelle!... Catherine du Luc, morte de déses-poir! comme La Rebours, comme tant d'autres. *(Prenant la main de Psyché.)* Vous pleurez, pauvre âme. Oui! oui!... pleurez ces infortunées, vraies damnées de ce monde que la fatalité jette aux bras d'un prince!... pleurez sur celles dont je viens de vous dire les misères!... pleurez, sur celles qui les ont remplacées : La tendre Fosseuse... la belle Corisande... madame de Noirmoutiers... Tristes devancières de cette belle Gabrielle, aujourd'hui favorite de Sa Majesté Henri IV, et qui demain sera oubliée et délaissée comme les autres, si vous acceptez, Psyché, le honteux honneur d'être la maîtresse du roi de France!...

HENRI IV. Si vous avez espéré, par votre long sermon, me faire abandonner mes projets sur cette femme, détrompez-vous!... Tous ces souvenirs que vous venez de réveiller en mon cœur, font ma passion plus violente et plus implacable.

BOIS-DAUPHIN, *avec un cri.* Que dites-vous, sire?

HENRI IV, *désignant la chambre du moulin.* Laissez-moi!... *(Bois-Dauphin reste immobile.)* Je le veux, je l'ordonne! Obéissez.

BOIS-DAUPHIN. Je n'obéirai à Votre Majesté, sire, que lorsque vous aurez laissé le chemin libre à cette jeune fille, et qu'à ma place sa famille d'adoption pourra la protéger!

HENRI IV, *avec colère.* Encore une fois, obéissez et lais-sez-moi!

BOIS-DAUPHIN, *se plaçant devant Psyché.* Pour la dernière fois sire, je suis forcé de vous dire que moi vivant, nul ne portera la main sur cette jeune fille.

HENRI IV, *avec fureur.* Malheureux, tu oses menacer ton roi, prends garde!...

BOIS-DAUPHIN. Je ne prends garde qu'à l'honneur de celle qui doit s'unir à moi. Et puisque le roi de France ou-blie qu'il est roi, ce n'est pas à moi de m'en souvenir. Il n'y a plus ici pour moi de souverain... il n'y a plus qu'un homme.

Il tire son épée.

PSYCHÉ. Henri!...

HENRI IV. Ah! La gloire des Jacques Clément et des Jean Chastel vous fait envie, monsieur! Aux titres que vous tenez de notre munificence, vous voulez ajouter le titre de régi-cide!... C'est bien! *(Bois-Dauphin laisse tomber son épée. Le roi la ramasse et la considère. — Avec indignation.)* Par le sang de ma mère! cette épée est celle que, de notre main royale, vous avez reçue après le siège d'Amiens, le jour même où nous vous avons nommé colonel de nos gardes. *(Tendant l'épée.)* Re-prenez cette épée, monsieur, et frappez de ce fer votre roi... votre maître! *(Bois-Dauphin saisit l'arme que lui présente le roi.)* Allons, faites vite, où de par Dieu, je vous donne parole que si vous m'épargnez aujourd'hui, vous recevrez demain le juste châtiment de votre rébellion. Pour la dernière fois, frappez!

Bois-Dauphin place son épée sous son pied et la brise.

BOIS-DAUPHIN. Faites dresser l'échafaud, sire, je suis prêt!

PSYCHÉ, *les considérant l'un après l'autre d'un œil égaré.* L'écha-faud! *(Avec terreur.)* Sire, au nom du ciel, grâce!... grâce!

Elle tombe à genoux.

HENRI IV. Jamais!

PSYCHÉ, *avec un cri et s'élançant vers Bois-Dauphin.* Ah! tu vi-vras, Henri... Je te jure que tu vivras *(Courant au roi et avec fièvre.)* Sire, cette nuit... en rendant le dernier soupir, un vieillard m'a révélé un secret que j'avais fait serment de gar-der à jamais au plus profond de mon cœur. Les serments que l'on fait à un mourant sont choses saintes, mais lorsqu'en se parjurant, on peut épargner à un roi que l'on vénère des re-mords éternels et sauver d'une mort honteuse un amant que l'on chérit, le parjure devient un devoir! -

LES DEUX HENRI. Que dit-elle?

PSYCHÉ. Sire, on a osé cette nuit rappeler au souvenir de Sa Majesté Henri de France les noms de toutes les femmes aimées de lui... Parmi ces noms, un seul a été oublié qui devait cependant se trouver le premier de tous!

HENRI IV, *étonné.* Le premier de tous!

PSYCHÉ, *indiquant la fontaine en ruines.* Près de cette fontaine en ruines, une pauvre fille du Béarn, la fille du jardinier du château de Nérac, presqu'une enfant, reçut les serments d'un autre enfant qui croyait sincèrement, comme elle, à l'éternité de leurs amours. Comme gage de leur mutuelle tendresse, leurs deux noms furent gravés par eux sur la pierre, venez, sire, venez, et regardez, les deux noms y sont encore! *(Elle entraîne le roi vers le fond et le mène à la fontaine. Elle écarte les plantes et le lierre.)* La jeune fille s'appelait...

HENRI IV, *les yeux fixes sur la pierre.* Fleurette!

PSYCHÉ. Et son amant... son amant...

HENRI IV, *lisant.* Henriot!...

PSYCHÉ. Oui. Henriot, prince de Béarn et de Navarre, aujourd'hui Henri le Grand, roi de France!

HENRI, *après un silence.* Fleurette!... je n'avais pas quinze ans! et la raison d'État m'asservissait déjà. Il me fallait quitter mon cher pays Béarnais et ma mignonne maîtresse, pour aller m'encloîtrer dans cette cour de France où l'on me haïssait, près de cette Marguerite de Valois qu'on me forçait à prendre pour femme. Oh! ma gentille-Fleurette, comme j'aurais donné de grand cœur tous les Louvres du monde pour me retrouver avec toi dans ce petit coin plein de fleurs, où si gaiement nous devisions d'amour tous les deux!

PSYCHÉ. Vous regrettiez, sire, la pauvre petite paysanne? Cependant, lorsque Votre Majesté revint peu après à Nérac, Fleurette reprit maintes fois le chemin de cette fontaine et jamais plus, hélas! elle n'y revit celui qu'elle aimait. Désespérée, elle ne songea plus qu'à mourir... et elle allait accomplir son sinistre projet lorsqu'elle comprit qu'elle allait être mère!

HENRI IV. Mère?

PSYCHÉ. Elle n'avait pas le droit de faire mourir son enfant avec elle; et pendant de longs jours encore, elle traîna péniblement sa vie de misère et de larmes. Une nuit enfin, dans la cabane d'un pauvre berger, elle mit au monde l'enfant qu'elle portait dans son sein. Elle supplia le vieillard d'adopter la chère petite créature et de ne jamais lui révéler qu'elle était la fille de Fleurette et du prince de Navarre. Puis, s'enfuyant éperdue, la jeune mère ne s'arrêta qu'auprès de cette fontaine... « C'est ici, dit-elle, qu'il m'a juré de m'aimer toujours. C'est ici que je veux mourir!... »

HENRI IV, d'une voix étouffée. Mourir!

PSYCHÉ. Alors elle pencha au-dessus de l'eau sa pauvre tête pâlie, et se prit à contempler son image. « Comme mes traits sont flétris! soupira-t-elle. Henriot ne me reconnaîtrait plus! Ne crains rien, cher infidèle. Si un jour le nom de Fleurette réveille en ton cœur quelque souvenir, je veux que son image se représente à ta pensée comme au temps de tes jeunes amours!... » Et la pauvrette se laissa lentement glisser dans les eaux de la fontaine!

HENRI IV, avec des larmes. Fleurette!.. Fleurette!... (Étendant la main vers la fontaine.) Sur son honneur et sa foi, le roi de France te jure, pauvre sainte fille, de réparer le mal qu'en sa coupable jeunesse le prince de Navarre a pu te faire!... (Poursuivant avec chaleur et s'approchant de Psyché.) Oui, cette enfant dont vous m'avez appris la naissance, je veux la découvrir et je la saurai faire si heureuse que sa mère tressaillera dans sa tombe d'une indicible joie! (Continuant avec chaleur.) La fille de Fleurette! ma fille! Ah! oui je la rendrai la plus enviée des femmes de mon royaume. Pour elle, pour son bonheur, il ne me sera rien d'impossible! (Fiévreusement.) C'est auprès de ce vieillard à qui Fleurette a confié son enfant que je vais me rendre sur l'heure! et je saurai par lui ce qu'est devenue l'orpheline!

PSYCHÉ. Non, sire! car cette nuit même le vieux berger a rendu l'âme!..

HENRI IV. Mort! Et ce secret, il l'emporte avec lui dans la tombe?..

PSYCHÉ. Non, sire!... ce secret... il l'a révélé avant d'expirer.

HENRI IV. A qui l'a-t-il révélé?

PSYCHÉ. A la fille de Fleurette!...

HENRI IV, avec un élan de joie. Elle existe donc?

PSYCHÉ. La fille de Fleurette est devant vous, sire!... La fille du roi de France est à vos pieds, mon père!

Elle tombe à genoux devant Henri IV.

HENRI IV, avec un cri.. Ma fille! ma fille! (Cédant à son émotion, il se laisse tomber sur un banc de gazon, à gauche.) Ah! viens que je te voie bien, que je t'admire à mon aise! (Après un temps.) Tu lui ressembles à elle, à la mère... C'est Fleurette, c'est ma mie bien-aimée que je retrouve en toi; et quand je te contemple, les rides de mon front disparaissent et mes jeunes années reviennent à tire-d'ailes. Embrasse-moi, ma fille!... Embrasse-moi, mon enfant chérie... ma Fleurette adorée!...

PSYCHÉ, se précipitant dans les bras du roi. Mon père! mon père!...

HENRI IV, à Bois-Dauphin, très-gaiement. Eh bien, que fais-tu donc, toi? Voilà que tu perds ton temps à pleurer avec moi et avec elle! Ventre-saint-gris, monsieur, embrassez votre femme! je le veux! je l'ordonne, moi, le roi! (Il pousse Bois-Dauphin vers Psyché qui se laisse tomber dans les bras du jeune homme.) Pauvres enfants! Et c'est à cause de moi que jusqu'à ce jour votre amour est resté caché!-Sandis! il me prend de furieuses envies de me tirer les oreilles! (Après un temps.) Allons, va reposer, ma Psyché, va... et que le baiser de ton père éloigne de ton front tout méchant rêve!

Il embrasse Psyché qui s'éloigne par le fond en envoyant un baiser à Henri IV et à Bois-Dauphin.

SCÈNE IV

HENRI IV, BOIS-DAUPHIN.

HENRI IV, se croisant les bras. Eh bien?

BOIS-DAUPHIN. Eh bien, sire?

HENRI IV. Qu'en dis-tu?

BOIS-DAUPHIN. Je dis, sire, que tout ce qui s'est passé depuis deux heures me fait l'effet d'un rêve.

HENRI IV. Eh non, perdiou! nous n'avons pas rêvé... pour une bonne raison, c'est que nous n'avons pas encore dormi, Et le jour n'est pas loin de paraître... allons... mon officier, la chambre du moulin vous réclame, la paille de mon hangar me fait les doux yeux; bonne nuit!...

BOIS-DAUPHIN, le retenant. Sire, devant ces paysans j'ai pu souffrir que mon roi me cédât le meilleur gîte; mais à cette heure, je jure qu'il n'en sera rien!

HENRI IV. Eh! bien! soit... mais c'est pour te faire plaisir; (Il va à la chambre et gravit les marches.) Bonne nuit! mon cher Henriot.

BOIS-DAUPHIN. Bonne nuit! sire.

Henri IV entre dans la chambre et s'étend sur le lit. Bois-Dauphin se couche sous le hangar.

BOIS-DAUPHIN, s'endormant sur sa paille.. Psyché!... ma femme!...

HENRI IV, s'endormant. Fleurette!... Fleurette!...

Un silence. — Puis, Marsiane reparaît par le fond à gauche. — Elle s'avance à pas lents vers la chambre du moulin.

SCÈNE V

HENRI IV, dans la chambre; BOIS-DAUPHIN, MARSIANE, puis RAVAILLAC.

MARSIANE, menaçante. Henri de Bois-Dauphin, ta vie est à moi? (Elle entre dans la chambre.—Henri IV dort la face contre la muraille.) Le voici donc en mon pouvoir!... Cette fois, je triompheral de la destinée! (Elle lève le couteau. — Henri IV se retourne et son visage est éclairé par les rayons de la lune. Elle le reconnaît et recule atterrée.) Henri de Navarre! Henri de Navarre!

Son couteau s'échappe de sa main.

RAVAILLAC, reparaissant par la droite, près de la fontaine, un poignard à la main. Roi huguenot, l'heure est venue!

Il va frapper.

BOIS-DAUPHIN, rêvant. Sire, cette femme est ma fiancée... et je saurai la défendre contre tous...

RAVAILLAC, reculant stupéfait. Ce n'est pas le roi!

BOIS-DAUPHIN, rêvant. Sire... reposez dans la chambre du moulin, je vous en prie... je...

RAVAILLAC. Dans la chambre du moulin! Ah! je comprends tout...

Il s'élance vers la chambre praticable. — A ce moment Marsiane, qui s'est agenouillée près du lit du roi et lui baise les mains, se relève.

MARSIANE, à voix basse. Dors en paix!... dors en paix!

RAVAILLAC, mettant le pied sur la première marche. Henri de Navarre, me voici!

Marsiane apparaît au seuil; il l'aperçoit et demeure immobile.

MARSIANE. Qui es-tu? Pourquoi cette arme dans ta main? (Menaçante elle s'avance vers le mendiant qui fasciné par son regard recule devant elle.) Mes regards pénètrent jusqu'au plus profond de ton âme... Tu veux frapper celui que j'aime... tu veux la mort du roi Henri!... Arrière! arrière!

Plus menaçante encore, elle continue à s'avancer sur Ravaillac qui s'enfuit effaré devant elle. Ils disparaissent tous deux par la droite. Pendant la fin de cette scène, le jour est venu peu à peu. — On entend au dehors de grandes acclamations.

SCÈNE VI

HENRI IV, HENRI DE BOIS-DAUPHIN, puis BRIDELOU, LE GRAND PALOT, AURORE, MARION, ARTABAN, GENTILSHOMMES et OFFICIERS DU ROI, PAYSANS ET PAYSANNES.

CRIS AU DEHORS. Vive le roi! vive le roi!

Bois-Dauphin et Henri IV se réveillent en sursaut.

HENRI IV. Ce sont mes gentilshommes!

Entrent par la droite Artaban et les gentilshommes du roi. Bridelou, en bonnet de coton, les précède. Suivent Psyché, Aurore, Marion, le Grand Palot et les paysans.

ARTABAN. Oui, papa Bridelou, Sa Majesté Henri de France a passé la nuit dans ton moulin !

BRIDELOU, MARION ET AURORE. Sa Majesté ici !..

LE GRAND PALOT. Ce n'est pas possible !

BRIDELOU. Ai nibiou, je devine ! (Henri IV a quitté la chambre, il se tient depuis quelque temps sur les marches. Bois-Dauphin a quitté le hangar. Bridelou apercevant le roi et courant vers lui.) Ah ! te voilà ! toi, gros finot de Nicolas !.. Comment ! mon petit Henriot vient me faire visite et tu ne m'en dis rien ! Dieu merci, je ne suis pas la moitié d'une bête, et le roi de France, je sais qui c'est à c't'heure : c'est ton officier que v'là... Vive le...

HENRI IV, qui a descendu les marches. Mon cher monsieur Bridelou, le roi de France est celui qui seul parmi nous n'a pas en ce moment la tête découverte !

Bois-Dauphin et tous les gentilshommes tiennent leurs feutres à la main.

BRIDELOU, s'apercevant qu'il a encore son bonnet sur la tête. Est-ce que par hasard, sans m'en douter, c'est moi qui serais le roi de France? car enfin ça ne peut pas être toi, Nicolas?

Il lui tape sur le ventre.

ARTABAN, s'élançant sur Bridelou. Malheureux, vous osez porter la main sur le roi !..

BRIDELOU reste un moment hébété, puis reprenant tout à coup son aplomb. Le roi !.. le roi !.. je le disais bien moi que je le reconnaîtrais entre mille ! (Jetant en l'air son bonnet de nuit.) Vive mon petit Henriot !

TOUS, excepté le Palot. Vive le roi !

LE GRAND PALOT, tremblant. Le roi ! et moi qui l'ai envoyé ronfler !

Une foule de paysans, en habits de fête et tenant des bouquets à la main, paraissent au fond.

ARTABAN. Sire, les gens d'alentour, vous sachant au moulin, viennent offrir à Votre Majesté les danses du pays et les fleurs de la montagne !

HENRI IV, très-gaiement. Les danses et les fleurs, j'accepte tout, mordi !

TOUS. Vive le roi !

HENRI IV. Non ! criez vive Henri de Navarre, cela me rajeunira tout à fait !

TOUS. Vive Henri de Navarre !

Divertissement.

ACTE SIXIÈME

LE 14 MAI 1610

Une salle au Louvre. — Au fond, un peu en pan coupé, une haute fenêtre ogivale, donnant sur la cour du Louvre. — Elle est ouverte et laisse voir la cime verdoyante d'un arbre de mai. — Ciel sombre. — A droite, table de jeu de trictrac. — Auprès de la table un grand fauteuil.

SCÈNE PREMIÈRE

ARTABAN, BRIDELOU, AURORE, LE GRAND PALOT, OFFICIERS, PAGES.

Au lever du rideau, on entend les grondements lointains du tonnerre. — Les pages sont diversement groupés, Artaban paraît par le fond, précédant Bridelou, Aurore et le Grand Palot en habits de fête.

ARTABAN. De ce côté, père Bridelou.

BRIDELOU, à mi-voix. Le Louvre!... nous v'là au Louvre !...

ARTABAN, aux trois paysans. Alors vous êtes à Paris depuis hier?

AURORE. Oui. — On ne parlait chez nous que du sacre de la reine... nous avons voulu voir ça comme les autres !

BRIDELOU. Moi! c'est mon petit Henriot que je voulais voir! En quittant le pays Béarnais, il nous avait permis de venir lui faire visite, et dame, nous avons usé de la permission!... Mais dites-moi un peu... dans votre Paris et dans votre Louvre même, on a l'air bien peu gai pour un jour de fête!

LE GRAND PALOT. Ça, c'est bien vrai...

ARTABAN, à mi-voix. C'est que la cérémonie d'hier ne fait plaisir à personne!... voyez-vous, père Bridelou, on dit comme ça que c'était déjà trop d'épouser Marie de Médicis !... et que point n'était besoin de la couronner en l'antique abbaye de Saint-Denis.

AURORE. Et pourquoi le roi Henri a-t-il donc fait ce mariage-là... puisqu'il était marié déjà?

ARTABAN. Pourquoi, ma petite Aurore?... parce que la reine Margot, sa première épouse, ne voulait pas se décider à octroyer un héritier à la couronne.

LE GRAND PALOT. Moi, je comprends ça... quand une femme a la vilenie de ne pas vous octroyer d'héritier, répudiez-la et prenez-en une autre !

BRIDELOU. Ah çà ! monsieur mon gendre, est-ce pour not' fille que tu dis ça?...

LE GRAND PALOT. Mettez-vous à ma place... c'est très-contrariant de se marier et de se dire : « Après moi ma race va s'éteindre. »

AURORE. Mon petit mari...

LE GRAND PALOT. Il n'y a pas de petit mari qui tienne... M. de Bois-Dauphin a deux enfants... notre cher sire en a deux également, dont un qui régnera après lui !... M'en faut un qui règne après moi !... voilà !...

DEUX PAGES, annonçant : LE ROI !

Musique. — Les gentilshommes ordinaires paraissent au fond.

ARTABAN, vivement. Retirez-vous, père Bridelou ! plus tard vous verrez le roi...

BRIDELOU. Pourquoi plus tard?

ARTABAN. En ce moment, il ne serait pas d'humeur à recevoir qui que ce soit... Allez... allez... et ne craignez rien... vous le verrez...

SCÈNE II

LES MÊMES, HENRI IV, BOIS-DAUPHIN, BASSOMPIERRE, D'EPERNON.

Les pages se rangent au fond. Henri IV entre soucieux et sans mot dire, va au grand fauteuil où il se laisse tomber. Auprès de lui Artaban et Bois-Dauphin. Les autres gentilshommes se trouvent groupés à droite.

HENRI IV. Le reine a rêvé cette nuit que les diamants de la couronne étaient changés en perles, c'est-à-dire, en larmes; après quoi, il lui a semblé que son royal époux recevait un coup de couteau sur le petit degré !

TOUS. Un coup de couteau !

D'EPERNON, vivement. Votre Majesté ne s'attachera certainement point à semblable futilité : tout songe est mensonge !

HENRI IV. Monsieur d'Epernon, les rêves sont parfois des avertissements d'en haut !

BASSOMPIERRE. Sire, chassez de votre esprit ces lugubres pensées...

HENRI IV. A-t-on des nouvelles des fléaux signalés partout notre royaume?

BASSOMPIERRE. Sire...

HENRI IV. Ces inondations?... ces disettes ?

BASSOMPIERRE. N'ont malheureusement pas cessé, sire, depuis le commencement de l'année...

HENRI IV. Et ces éclipses?... ces conjonctions de planètes !

BASSOMPIERRE. A tout instant, le soleil est obscurci et la nuit se fait en plein jour sur la terre.

HENRI IV. Dans les campagnes, la frayeur est au comble, n'est-ce pas ?

BASSOMPIERRE. Beaucoup s'attendent à un nouveau déluge... Si bien qu'un théologien de Toulouse fait construire une arche, par mesure de précaution.

HENRI IV, se levant. L'on a peur !... l'on tremble !... Le royaume est troublé et anxieux... comme le roi!... comme le roi ! comme le roi !...

D'EPERNON. L'on croit généralement à la fin du monde.

HENRI IV, très-agité. La fin du monde !... non... c'est la fin de notre règne que l'on redoute !...

LES SEIGNEURS. Sire !...

BOIS-DAUPHIN. Au nom du ciel !

HENRI IV, saisissant la main de Bois-Dauphin. — Après un temps. Vous ne me connaissez pas maintenant, mais, quand vous m'aurez perdu, vous saurez ce que je valais !

BOIS-DAUPHIN. Vous vivrez bonnes et longues années, sire.

HENRI IV. Je voudrais retourner en Béarn... revoir mes belles montagnes, me réchauffer encore au soleil du pays.

BOIS-DAUPHIN. Nous y retournerons, sire !...

HENRI IV. Envoie quérir Psyché et ses enfants; leur babil me distraira. (Bois-Dauphin donne à voix basse un ordre à un page qui s'éloigne. Aux gentilshommes.) Ah ! messieurs... je le crois à présent, je n'aurai pas le temps de poursuivre les hostilités envers les Allemands... cette belle guerre, nous la laisserons à la régence !

Il s'assied à gauche. Le page reparaît précédant Psyché, costume de cour. Derrière elle, entrent les deux enfants, conduits par deux suivantes.

SCÈNE III

LES MÊMES, PSYCHÉ, LES DEUX ENFANTS.

Les gentilshommes s'inclinent.

PSYCHÉ. Vous m'avez fait mander, sire ?...

HENRI IV. Oui. (Il les contemple un instant en silence, puis :) Venez là... près de moi... bien près de moi... (Psyché est derrière le fauteuil, appuyée au dossier, les enfants s'agenouillent aux pieds du roi, sur les coussins.) Bonjour, Henri ! Bonjour, Fleurette ! (Se retournant vers Psyché.) Eh bien, êtes-vous heureuse, madame ? (A mi-voix.) Psyché... mon enfant... parle-moi de ton bonheur.

PSYCHÉ. Oh ! oui, sire, je suis heureuse ! depuis que votre main s'est tendue vers moi... depuis qu'elle a fait de moi, l'orpheline, une épouse... une mère ! (Bas.) et une fi le !... Il me semble que c'est un rêve que je fais... Je regarde couler la vie... calme et paisible... et je bénis Dieu (A mi-voix), et je vous bénis, mon père !

Henri IV, très-ému, lui tend sa main sur laquelle Psyché pose un baiser.

HENRI IV, au petit Henri. Et toi, Henri, es-tu content ?

LE PETIT HENRI. Moi ? pas du tout ! Comprends-tu, sire... petite mère qui ne veut pas encore me laisser monter à cheval... elle a peur que je tombe.

HENRI IV. Vraiment !... elle est incroyable cette mère-là !... (Après un temps.) Ah ! mes beaux chérubins, je me sens tout rajeuni au contact de votre riante jeunesse... (Avec enjouement.) Mes amis, regardez bien mes cheveux : sont-ils gris encore ? Il me semble, à moi, qu'ils sont bruns comme autrefois.

LE PETIT HENRI, éclate de rire. Oh ! par exemple !...

HENRI IV. Tu ris, mon drôle... cela m'apprendra à faire de la fatuité !

LA PETITE FLEURETTE. Ne l'écoute pas, c'est un méchant. Et puisque ça t'ennuie que tes cheveux soient gris, ils ne le sont pas... entends-tu : ils sont tout noirs, tout noirs !

HENRI IV, serrant l'enfant entre ses bras. Tu es un ange, Fleurette !

LE PETIT HENRI. Oh ! un ange ! les anges ne mentent pas, d'abord ! et ma sœur ment bien, elle; car tes cheveux ne sont pas noirs du tout...

Tout le monde se met à rire.

HENRI IV, riant plus fort que les autres. Et voilà la gaieté revenue ! C'est décidément une belle merveille qu'un enfant. Il n'y a que les enfants qui puissent faire pardonner la vilaine invention de l'homme ! (Après un temps.) Et qu'avez-vous fait cejourd'hui ?

FLEURETTE. Nous sommes allés en carrosse à Saint-Denis visiter les reliques... avec petite mère.

HENRI IV. Et vous êtes-vous bien amusés ?

FLEURETTE ET LE PETIT HENRI. Oh ! non.

HENRI IV. Pourquoi donc ?

Au moment où l'enfant va répondre, Psyché lui saisit la main.

PSYCHÉ. Tais-toi !

HENRI IV, regardant Psyché. Psyché, vous semblez toute émue. (Il se lève lentement.) Qu'ont-ils donc vu à Saint-Denis ?

BOIS-DAUPHIN. Rien, sire; une idée d'enfant, sans conséquence aucune.

HENRI IV. Je veux savoir ce qui les a si fort attristés... (A l'enfant.) Parle Fleurette ?

FLEURETTE. Il y avait un tombeau qui me faisait peur... j'ai demandé pour qui il était, et on m'a répondu qu'il était pour toi, sire... Alors, ça m'a fait du chagrin...

HENRI IV, riant. Et voilà tout ?

FLEURETTE. Et puis, je regardais les belles statues qui sont sur les tombes, et, tout à coup...

HENRI IV. Tout à coup...

FLEURETTE. Je les ai vues qui pleuraient.

HENRI IV, fait un brusque mouvement, se lève et passe à droite. Toujours les mêmes pronostics !... les mêmes présages de mort...

PSYCHÉ. Ah ! sire... je vous suppliais aussi de ne les point faire parler.

HENRI IV. Chers enfants ! Ils viennent de me prouver qu'ils m'aimaient. (Il attire Fleurette à lui.) Fleurette, pries-tu pour moi quelquefois ?

FLEURETTE. Toujours !

HENRI IV. Ne m'oublie pas ce soir.

PSYCHÉ, aux suivantes. Emmenez-les ! Emmenez-les ! (Les suivantes prennent les enfants.) Dieu garde Votre Majesté !

Elle baise la main du roi, et elle sort avec les suivantes et les enfants.

SCÈNE IV

LES MÊMES moins PSYCHÉ ET LES ENFANTS.

Le roi se promène quelque temps de long en large, sombre, agité; puis il s'arrête devant la table de tric-trac.

HENRI IV, après un temps. Tiens ! jouons, Henri !

BOIS-DAUPHIN. Excellente idée, sire !

HENRI IV. Messieurs, vous jugerez les coups... (Bois-Dauphin se place à droite, premier plan : à gauche et à droite se placent les gentilshommes.) Tu sais, Henri, que je suis un adversaire terrible. Je commence les hostilités, mordi !

Il joue.

BOIS-DAUPHIN. Et je les continue, mordieu !

HENRI IV, jouant. A moi !

BOIS-DAUPHIN, embarrassé. Diable ! (Il joue.) A vous, sire.

HENRI IV, jouant. Que dis-tu de ce coup ?

D'ASSOMPIERRE. Sire, vous êtes le premier joueur de France !

HENRI IV. Et de Navarre, c'est entendu !... Continuons, Henri. Cette partie est charmante, et je sens la gaieté qui remonte à mon cœur.

Ils continuent à jouer, on silence cette fois. Tout à coup, Henri IV fait un mouvement, prend les pions d'ivoire, les examine, puis, tremblant, il prend son mouchoir et, les yeux fixes, il essuie les pions. Tous le regardent étonnés.

BOIS-DAUPHIN. Sire, vous êtes pâle et vous tremblez. Qu'y a-t-il donc ?

HENRI IV. Messieurs, regardez... Sur ces jetons ne voyez-vous pas des taches rouges ?

BOIS-DAUPHIN. Il n'y a rien !

HENRI IV, sans mot dire, essuie encore les pions, puis, tout à coup, avec un cri. Du sang ! c'est du sang !

Il se lève effaré. Le temps s'est obscurci. Le tonnerre gronde.

BOIS-DAUPHIN. Le trouble de votre esprit, sire, vous fait voir en tout, fantômes et sinistres avertissements. Continuez la partie, Majesté.

HENRI IV, se rassoit, puis tout d'un coup se relève. Non, je ne puis ! j'ai la fièvre !... Voyez donc, messieurs, comme il fait sombre, (Les yeux fixés sur la fenêtre). C'est bien triste, la pluie ! Écoutez, n'est-ce pas le tonnerre qui gronde au loin ? L'orage sera terrible ? (Tout d'un coup.) Je ne puis rester dans cette obscurité... apportez des flambeaux !... (Deux pages sortent vivement.) qu'on se hâte. Pourquoi donc ces ténèbres et que m'annoncent-elles. (Un grand silence. — Les pages rentrent avec des flambeaux allumés. — Avec un cri de joie.) De la lumière ! ah ! merci ! (Il s'est laissé retomber dans le fauteuil. — Il appuie son front sur le rebord de la table. — Un moment de silence; puis il relève la tête. — Avec douceur.) Mes amis, mes pauvres amis !... Je vous attriste avec mes paroles insensées. Que voulez-vous ? ce n'est pas ma faute ! (Leur prenant les mains.) Dites-moi ? je n'ai jamais fait de mal. Si je meurs, n'est-ce pas que l'on me regrettera ?

BOIS-DAUPHIN. Sire, vous êtes souffrant... Dès qu'en vos appartements vous serez retiré, nous ferons auprès de vous mander votre médecin.

HENRI IV. Non, c'est notre confesseur qu'il faut mander ! (Sourds grondements de tonnerre. — Le vent souffle). Écoutez ! Écoutez !... ne croirait-on pas entendre les orgues sacrées ? Pourquoi chante-t-on le de Profundis à la chapelle du Louvre ?

BOIS-DAUPHIN. C'est le tonnerre qui gronde et le vent qui souffle, Majesté.

HENRI IV, qui s'est mis attentivement à regarder brûler les bougies, tout d'un coup. Ah ! regardez ! ce sont des cierges que portent ces flambeaux ! (se levant.) Le roi est mort ! Messieurs !.. Le roi est mort, Le roi est mort ! (Il tombe épuisé. — Bois-Dauphin fait un signe. On emporte les flambeaux. — Murmures au dehors.)

BOIS-DAUPHIN. Qu'est-ce que cela ?

BASSOMPIERRE, près de la fenêtre. Il y a foule à la poterne du Louvre.

(Artaban paraît.)

SCÈNE V

LES MÊMES, ARTABAN

HENRI IV, d'une voix faible. Qu'y a-t-il donc ?

ARTABAN. C'est une pauvre femme, à moitié morte de fatigue, qui supplie les soldats de garde de la laisser pénétrer jusqu'auprès de Votre Majesté. Elle crie tout haut qu'il y va de votre vie et qu'elle seule peut vous sauver...

HENRI IV, se redressant. Amenez cette femme ! je veux l'entendre !... je le veux ! allez ! (Artaban sort.)

BOIS-DAUPHIN, à part, avec inquiétude. Que va-t-il apprendre ?

BASSOMPIERRE, près de la fenêtre. La voici qui traverse la grande cour.

HENRI IV, à lui-même. Il y va de ma vie, et elle peut me sauver !...

ARTABAN, qui est rentré. Sire, la femme est là, qui attend ; mais personne autre que le roi de France ne doit ouïr les révélations qu'elle a à faire.

HENRI IV, aux gentilshommes. Laissez-moi, messieurs !... Laissez-moi !

Sortie de Bois Dauphin et des autres gentilshommes par la porte de droite. Dès qu'ils ont disparu, Artaban introduit Marsiane et sort à son tour.

SCÈNE VI

HENRI IV, MARSIANE. Marsiane est couverte de poussière et se soutient à peine. Le roi la considère curieusement. Elle vient au roi et tombe à ses pieds.

MARSIANE, d'une voix faible. Sire, me reconnaissez-vous ?

HENRI IV, après un grand temps, écartant les cheveux blancs de Marsiane.) Oh ! il y a longtemps, bien longtemps que je t'ai vue ! (La reconnaissant.) Marsiane la Devineresse !.. que me veux-tu ?

MARSIANE. Sire, des voix étranges m'ont réveillée et ces voix disaient : « La mort est proche ! » J'ai consulté les cartes, interrogé les astres... Tout prédisait un épouvantable malheur !... Alors, je me suis enfuie... Et l'autre nuit, à Angoulême, dans une auberge « je me suis trouvée face à face avec un homme sinistre qui m'a dit : « Marsiane, je suis le mendiant que tu as recueilli jadis... celui dont la main a touché la main du roi huguenot... Les autres assassins ont frappé déjà... à mon tour de remplir ma mission ! »

HENRI IV. Eh bien ?...

MARSIANE. Eh bien, à cette heure... l'homme d'Angoulême est à Paris !... En ce moment peut-être, il rôde aux abords du Louvre... gardez-vous, sire, gardez-vous !

HENRI IV, qui, pendant toute la scène précédente, a été en proie à une prostration complète, semble se réveiller tout à coup et s'écrie : Ah ! il est à Paris ! Eh bien !... j'aime mieux cela, mordi ! au moins, je sais à quoi m'en tenir... J'ai affronté vingt batailles, ventre-saint-gris ! Je saurai bien attendre de pied ferme un lâche meurtrier.

MARSIANE. Sire, dans ces glorieux combats, votre Majesté avait en face d'elle des ennemis francs et loyaux.

HENRI IV. Crois-tu que robuste comme je suis, je tomberai si facilement ? Réponds, ce regard recèle-t-il la mort ? Non, mordious ! il brille plus que jamais de vie et de santé... un simple coup de hache n'abat pas un chêne !

On voit s'abattre l'arbre de mai. L'orage a continué. La foudre éclate.

MARSIANE. L'arbre de mai est tombé et ses branches sont réduites en poudre ! (A partir de cet instant, le ciel s'éclaircit, le soleil brille. Le théâtre s'éclaire, Marsiane reprend.) Sire, vous êtes né un quatorze, quatorze siècles, quatorze ans et quatorze décades après Jésus-Christ... Dans votre nom « Henri de Bourbon » se trouvent quatorze lettres. — Vous avez vécu quatre fois quatorze ans, quatre fois, quatorze jours et quatorze semaines... — Sire, nous sommes aujourd'hui le quatorze mai... Gardez-vous, sire, gardez-vous !

HENRI IV, allant à la fenêtre et montrant le ciel. L'orage est passé... le soleil brille radieux et redouble ma confiance... Je ne veux plus t'entendre !...

MARSIANE, suppliante. Sire !...

HENRI IV, impérieux. Va-t'en !

Marsiane s'éloigne lentement. Au moment de disparaître par la grande

porte du fond, elle sort sans être vue du roi, par la porte placée près de la fenêtre.

SCÈNE VII

HENRI IV, ARTABAN, LES PAGES, BASSOMPIERRE, LES GENTILSHOMMES

HENRI IV. Mordi ! je ne me laisserai pas vaincre par une folle superstition !... Le danger est là... j'irai droit à lui !... (Aux pages.) Holà ! qu'on prépare sur l'heure notre carrosse !

Entrée générale.

BASSOMPIERRE. Votre Majesté va quitter le Louvre ?

HENRI IV. Oui, pardious ! notre bien cher cousin, M. de Sully, est souffrant, nous allons le visiter à l'Arsenal. (Aux gentilshommes.) Et, à notre retour, je vous ferai voir, messieurs, les plans que l'Escure a faits pour le passage de mon armée ; car, à présent, je crois que nous irons en Allemagne.

BASSOMPIERRE. Vous voilà, sire, tout transformé !

HENRI IV. Le roi Henriot peut avoir quelques secondes de faiblesse, mais il sait, lorsqu'il le faut, relever le front et marcher d'un pas ferme. Ah ! l'on me dit de me garder : un soldat se garde avec son courage, un bon roi se garde avec l'amour de ses sujets ! Venez donc, messieurs, venez !

Il sort avec Artaban et les gentilshommes. Au moment où ils disparaissent entre Marsiane effarée.

SCÈNE VIII

MARSIANE, puis BOIS-DAUPHIN.

MARSIANE. Henri quitte le Louvre ! Oh ! je ne le laisserai pas partir. (Avec un cri.) Henri de Bois-Dauphin !

BOIS-DAUPHIN, paraissant. La devineresse ! (Avec compassion.) Pauvre femme ! Est-ce bien vous que je vois, Marsiane... pâle... en haillons... et vous soutenant à peine !

MARSIANE, d'une voix sourde. Depuis des années que je ne m'étais trouvée face à face avec toi, ma haine s'était endormie !... pourquoi viens-tu la réveiller ?

BOIS-DAUPHIN. Marsiane, au nom du Ciel ! ne parlez pas ainsi ! Je porte, il est vrai, le nom de celui qui a tué votre époux, mais, aujourd'hui, je ne suis plus son fils, aujourd'hui, je suis le mari de Psyché, que vous chérissiez jadis... Une famille nouvelle existe pour moi qui ne peut porter les fautes ou les crimes d'un autre... Marsiane, je vous en prie, oubliez et donnez-moi la main !

MARSIANE, se reculant. Non ! quoi que tu dises et que tu fasses, tu ressembleras toujours à l'infâme qui m'a tout ravi. Tu as sa voix, son regard..

BOIS-DAUPHIN. Eh non, ni sa voix, ni son regard, puisque son regard t'insultait, pauvre folle ! puisque sa voix ordonnait le pillage de ta maison et le supplice des tiens ! — Ta douleur t'égare... tu ne vois plus de joie possible que dans la vengeance satisfaite... Tu te trompes... Le fils de celui qui t'a pris amour, amitié, le fils de cet homme t'offre une place, à son foyer... Viens à lui ! sa famille sera la tienne, — Sa maison est assez pleine d'amour pour le pouvoir partager avec les malheureux qui ne le connaissent pas. — Tu n'as pas connu la joie suprême que font deux bras d'enfant enlacés à votre cou... Viens ! mes enfants te tendront leurs fronts purs et ta haine s'éteindra sous l'innocence de leurs baisers !

MARSIANE, frémissante. Tes enfants, dis-tu, viendraient à moi que l'on repousse, que l'on fuit, et je pourrais les embrasser ?

BOIS-DAUPHIN. Nous réparerons la faute de notre père en te donnant le bonheur.

MARSIANE. Le bonheur ! (Rumeurs au dehors.) Qu'est cela ?

BOIS-DAUPHIN. C'est le roi que l'on acclame !

MARSIANE. Le roi ! (Elle s'élance vers le fond et s'arrête tout d'un coup effarée.) Ces cris ! ce ne sont pas des acclamations .. C'est un glas funèbre !

BOIS-DAUPHIN. En effet !

Grand bruit dans la coulisse. — Le fond se garnit de gardes. — Entrent en scène les gentilshommes, sombres et silencieux.

SCÈNE IX

LES MÊMES, LES GENTILSHOMMES, LES PAGES, puis HENRI IV, BRIDELOU, ARTABAN, BASSOMPIERRE, SOLDATS.

BOIS-DAUPHIN, aux gentilshommes. Qu'y a-t-il donc, Messieurs ?

ARTABAN, paraissant. Le roi ! blessé !

MARSIANE. Malheureuse ! Et je ne lui ai pas barré le passage !

Entrent les soldats, la lance et le mousquet renversé, puis, sur une civière faite à la hâte et portée par quatre valets de pied, Henri IV pâle et blessé. Immense cri de Bois-Dauphin et de Marsiane. En même temps paraît Psyché effarée.

PSYCHÉ. Mon père ! Mon père ! que dit-on ? qu'on lâche vous a frappé ?

On emporte la civière à l'avant-scène. D'un sourire, Henri IV la rassure.

MARSIANE. Haine maudite ! c'est-elle qui m'a arrêtée en chemin, quand je pouvais encore le sauver.

HENRI IV, revenant à lui. La reine ! Faites appeler reine !

BASSOMPIERRE. A la nouvelle de l'attentat, Sa Majesté s'est trouvée mal, sire !

HENRI IV. Mes enfants ! mes enfants ! approchez tous ! (Il attire à lui Bois-Dauphin, Psyché, Bridelou vient de paraître à gauche, avec Aurore et Pâlot. Tous pleurent. Le roi aperçoit le vieux meunier.) Toi ! ah ! tu as bien fait de venir. (Apercevant Aurore qui sanglotte.) Et là-bas, cette enfant qui pleure, c'est ma petite Aurore. (Il fait un geste. On fait approcher Aurore il la regarde et aperçoit des fleurs à son corsage.) Des fleurs du Béarn ! (Prenant les fleurs.) Gentilles fleurs, je vous reconnais !... Enfant, je vous ai cueillies maintes fois !... (D'une voix étouffée) et je vous emporte avec moi dans la tombe !

Il pose les fleurs sur ses lèvres et laisse retomber sa tête.

MARSIANE. Je l'ai laissé tuer !

Elle tombe anéantie.

HENRI IV, à Bois-Dauphin. Je le sens... c'est fini !... Henri !... mon fils !... je te l'avais bien dit : des quatre Henri, le seul et véritable roi, c'était toi !...

Il expire. Tout le monde s'agenouille. Tableau général.

FIN

CLICHY. -- Impr. MAURICE LOIGNON, PAUL DUPONT et Cie, rue du Bac-d'Asnières, 12.